Et in Arcadia ego

Vel vere vel hieme,
Et intra et extra moenia,
Locus amoenus et infernus,
Et in Arcadia ego.

Adamas qui magnam prudentiam constituit,
Arx quae mirabilem aerem tangit,
Corpus cadit,
Spiritus verum in aeternum vivit.
Et in Arcadia ego.

阿卡迪亚也有我的存在

春或冬,
城墙里或城墙外,
世外桃源又或是死神之地,
阿卡迪亚也有我的存在。

炫目的桂冠必当承载使命的重量,
陡峭的悬崖本就属于绝美的天际,
躯体属于生死,
灵魂才能使生命永恒。
阿卡迪亚也有我的存在。

黄美玲 著

法律帝国的崛起

罗马人的法律智慧

北京大学出版社
PEKING UNIVERSITY PRESS

推荐序

奥利维耶罗·迪利贝尔托（Oliviero Diliberto）①

黄美玲博士是我的得意门生，她所撰写的这本书从题目的选择上就非常具有吸引力——《法律帝国的崛起：罗马人的法律智慧》。相较于传统的名称"罗马法"，这无疑是一个更蕴含深意、实际上也更加准确的题目。事实上，古罗马人一直都认为罗马法是一门建立在罗马法学家活动基础之上的"学问"。这些古罗马的法学家则被称为"法律的智者"（iuris periti）。

罗马对于西方思想史和文化史的伟大贡献，恰恰在于"法"（ius）的创造。法学，相对于其他的智力活动，诸如哲学、伦理、宗教、文学等，是一门独立的科学。倘若没有罗马法传统，也就不存在当今整个西方世界的法。我试着简单地说明一下理由。

首先，罗马人一直对其法律传统的延续性有着非同寻常的感情。从公元前8世纪罗马建城到公元6世纪的优士丁尼大帝，这是一段非常长的时间，但是罗马人总是将其理解为一种延续。

在这里，我要提到古罗马一位非常重要的法学家盖尤斯，他生活在公元2世纪，是《法学阶梯》的作者。而《法学阶梯》则是一本写给在法律学校刚刚开始学习的年轻人的罗马私法教材。不过，盖尤斯还为最古老的罗马法律汇编，即《十二表法》（最古老的西方"法典"），撰写了评论。在《法律帝国的崛起：罗马人的法律智慧》这本书中，我们可以看到作者对这部法律颁布历史的完整描述。

---

① 罗马第一大学罗马法教授、中意法学研究中心主任，意大利前司法部部长，中南财经政法大学"文澜讲座教授"。

《十二表法》颁布于公元前 5 世纪，也就是说，早于盖尤斯所生活的年代 7 个世纪。盖尤斯对它进行评注，就好像《十二表法》在他那个时代还完全有效一样。请允许我解释一下原因。

在他评注的前言部分，法学家盖尤斯写了一句非常重要的话："起源（principium）对于整个历史进程而言，是所有事物最根本的部分（potissima pars）。因此，起源比其他任何事物都要重要。"

实际上，法学家盖尤斯通过这句话揭示了多重含义。首先，让我们从中非常清楚地了解到，只有研究法律起源和其在前面若干世纪中的发展，我们才能理解现行法。其次，盖尤斯的话也明确地透露出他对法的延续性——即一种不间断的历程——的呼吁。这种延续性，起源于《十二表法》，一直延续到他所处的年代。最后，法的起源享有至高无上的地位的同时还意味着，对罗马法伟大和非凡的过去的一种诚挚的景仰。

因此，盖尤斯在《十二表法评注》中所作的序言，是一种真正的纲领性宣言，我毫不犹豫地将其定义为"思想体系性的（宣言）"。明确地说就是：没有根基，就没有未来。

而且，盖尤斯的序言在若干世纪以后，仍然继续存在于罗马法的重要文本中。优士丁尼在公元 6 世纪颁布了《市民法大全》，这与盖尤斯时代又隔了 4 个世纪，而距离《十二表法》则有将近 1000 年。但是，即使时间跨度如此之大，优士丁尼仍决定：《市民法大全》最重要的组成部分——《学说汇纂》（也就是罗马法学家作品片段的汇编）——以盖尤斯的这则宣言（"起源比其他任何事物都要重要"）作为开篇（D. 1.2.1）。这种对整个古罗马法律史的自豪感，恰恰在优士丁尼的《市民法大全》中找到了最终归宿。

事实上，我们再一次在不同的历史时期使用同一文本，这种跨越若干世纪之后的"重新使用"，凸显了罗马人对法律延续性的深深确信。而在这种延续性的基础上，更加确定了"只有了解前面的历史，才可能正确完整地理解当代"这一观点。

最古老的法律史，被确定为当代法律科学的一部分。对于盖尤斯如此，对于优士丁尼也是如此。换言之，我们研究过去的法律制度史，是因为通过对法律制度起源的了解，以及它们在不同时期的发展和变化，可以更好地理解我们这一时代的法。因此，要全面且透彻地理解现行法，毋庸置疑离不开对历史的知悉。而就罗马法而言，对于它的研究实质上是理解当今整个西方世界法律的关键。

我们再来看看其他的理由。

罗马法在欧洲和欧洲外的许多不同的法律体系中，即使伴随着时空的更迭，都持续地存在着。这些法律体系对于罗马法而言，是"债务人"（debitore）。我这里说的一个体系（sistema），指的是一个具有共同法律语言的分类的总和，是一种方法和解释标准。即使它们在不同的时间和空间不断地自我更新，但是在很多方面仍然是有效的。

实际上，虽然罗马帝国作为"国家"组织走向了尾声，但罗马法却陆续铸造了很多欧陆国家的民法体系，这是众所周知的事情。从葡萄牙到俄罗斯，然后从欧洲大陆出发，又塑造了整个拉美法律传统。随后在19世纪末，德国法学理论的重要影响达至日本。因此，罗马法继续在各种不同政治体制的国家中存续。

显然，每个国家根据各自的时期、地貌、政治和经济情况的不同需求，都对罗马法制度进行了修改、删减、增加和转换。但是其基础——罗马私法制度，在本质上并没有发生改变。

这就正如从拉丁语中产生了许多"新拉丁语"——意大利语、法语、西班牙语、葡萄牙语等，通过共同的"母体"，去理解另一种语言并不用费多大的劲。罗马法也为各种"新罗马法"的产生奠定了基础，正如我前面所说，它们都建立在如下的基础之上：它们拥有一个共同的体系，一种几乎同样的分类，一个在其内部可以理解的术语系统，一种诞生在不同的纬度却具有相似的解释文本的司法技术所形成的法律科学。不过，相对于拉丁语，它具有更加宽泛的地理政治范围。

几十年前，罗马法在中国开始落地发芽。世界上两个有着千年文化历史的文明古国重新相遇：这两个文明古国的文化传统中都具备一种共同的特征，即秉承"没有根基就没有将来"的信念。中国法作为罗马法系大家族的一员，同时将自己伟大的历史、千年的传统、习俗和文化与罗马传统的法学范畴交融在一起。中国民事立法与未来的民法典，都是罗马法穿越千年时空、跨越陆地海洋得以延续的一种独一无二的非凡景象。

因此，成为久负盛誉的中南财经政法大学的"文澜讲座教授"，让我充分地感受到了在过去的学术和政治生涯中从未有过的激动和自豪。

《法律帝国的崛起：罗马人的法律智慧》一书，以时间为线索讲述了许多体现罗马人法律智慧的重要事件，这非常有利于了解罗马法是如何在时间的长河中形成的。罗马法律帝国的崛起正如其历史一样，在若干个世纪的时间里经历了王政时期、共和时期和帝国时期。罗马法，正如您将会在这些非常有意思的故事里看到的那样，还经历了罗马持续的战争和内部冲突、疆域的扩张以及西部的衰落和东部的重生。这种重生既是法律的重生，也是拜占庭因优士丁尼皇帝的法典编纂活动所获得的重生。

中国是当今世界上最伟大的国家之一，我深信这本书在这一伟大的国度也将成为一本了解古罗马历史的重要书籍。

这本书在内容和方法上都非常具有新意，信息量非常大。而我，则很荣幸地见证了这本书的创作过程。作者黄美玲教授，在罗马跟随我学习罗马法并获得了博士学位，随后又在2017年成为罗马第一大学的访问教授。由于与中国多年的合作，我得以成为她的博士生导师给予她学术上的指导，后来又成为了她最年长的同事和合作者。我一直竭力传授给她一些我自己的经验，而从她身上其实我也学到了很多宝贵的知识。我们之间的教学一直是相互的,从来都不是单向的。因此,作为长者,看到自己年轻的学生越来越优秀,在学术和教学上越来越成熟,我是带着真挚的喜悦之情和满足感来撰写这个序言的。而就像这本书的标题所宣称的,本质上也彰显了黄美玲本人的"法律智慧"。

传统、智慧还是科学？(代序)

黄美玲

古罗马，在你眼里可能是从七座小山丘上的弱小城邦成长起来的地中海伟大帝国，拥有壮丽辉煌的竞技场和凯旋门、辽阔的疆土和璀璨的文化；又或仅仅只是矗立在眼前的残垣断壁、斑驳石墙，如同一场纸醉金迷的闹剧，血腥粗野的军人、奢靡荒淫的贵妇和满身伤痕的奴隶轮番上演；于任何一个罗马法爱好者，它都拥有多重美好的含义。

罗马，是一座城，神圣而永恒，宛如地中海的一颗明珠散发着耀眼的光芒。罗马，也是一个民族，聪慧而骁勇，因英勇善战而闻名四海。罗马，还是一种文明，辉煌而璀璨，宽容博大的精神惠泽西方文化而奠基了欧洲文明。罗马，更是一种智慧，崇尚正义却不失灵活，历史长青。近三千年的历史与文化，罗马沉淀出一份震撼心灵的庄严肃穆，散发着一种让人神怡心醉的优雅芳香。走近罗马，既是在认识一座古城、一个民族，也是在了解一个文明、一种传统，获得新的智慧源泉。

罗马的传统与文化是学者的天堂，而罗马法则是引领人们通往那神圣之处的桥梁。罗马人既有希腊人的柔美聪慧，又有迦太基人的坚韧不拔，还有与生俱来的宽容善良。罗马的领袖们，从王到执政官，再到"第一公民"和皇帝，个个英勇善战，带领罗马人征服了几乎整个地中海世界。罗马的法律人，从神圣的大祭司到能言善辩的演说家，再到慎思笃行的法学家和具有平民意识的审判员，在时空的变幻中共同用智慧创造了罗马法的普世体系，奠定了西方法律文明的基础。

"罗马人的法律智慧"是我在中南财经政法大学为本科生开设的

一门通识课。所谓"通识"，应该是看似无用但却无处不能用的智识。通识教育 (enkyklios paideia) 可以追溯至公元前 5 世纪晚期，最初是智者的教学方法，其目标是为了培养学生的社会领导能力。后来在罗马发展成为一套标准的自由技艺（artes liberals）课程体系，成为职业训练之前拓展知识储备的自由科目，是学习法律或修辞之前的预备性内容。

"罗马人的法律智慧"是一门通识课，本质上也是一门专业课。我希望每一个走近古罗马法律传统的人，都能透过罗马人的法律科学去理解其中所蕴藏的智慧，从而挖掘自我分析、思考、论证甚至是创造的能力。因为只有在文化传统的流连忘返中，我们才能更深刻地理解中华民族传统法律文化的博大精深，才有可能站在人类命运共同体的道义高度去感知法律人的神圣使命。

全书共十八章，每一章都是一个独立的故事，但实际上又前后贯通，从侧面勾勒出整个罗马法史的发展历程。本书的写作，多取材于历史著作或是文学素材。换一种方式讲罗马法，同时聊一聊神话传说、历史制度，读一读经典片段、诗歌名著，看一看名家画作、史片戏剧，看似无聊却有料。

一个不重视历史的民族，注定是没有未来的；一个没学习过法律史的法律人，认识绝对是不全面的。当你惊叹于罗马法的魅力时，你也许不知道，每一个法律制度的产生，都凝聚了许多人的心血，他们呕心沥血甚至流血牺牲；每一部法律的颁布，其字里行间无不投射出那个时代所特有的全部内在。无论是从法律的角度去解读历史，还是在历史的长河里去思考法律，罗马法都是我们理解欧洲古代文化的必读篇章。

罗马法是一则宣言，昭示着人类对"良善和公正"的崇高追求；同时它也是一门哲学，教人"诚实生活、勿害他人"的行为准则；它更是一门科学，蕴含着"法其实来自于正义"的伟大智慧。罗马法是文学家、法学家、历史学家、艺术家们的心头好，因为它是一座桥梁，带领你抵达西方文化传统的灵魂深处。传统沉淀的过程中，发现智慧，智慧被有机地组织起来，才能称之为科学。置之法律，更是如此。

2017 年 3 月于罗马完成初稿
2018 年 1 月于帕维亚吉斯列里学院定稿

目 录

I. 罗马建城——母"狼"乳婴与鸟占定王 / 001

II. 驽马"王"的统治——法律（Lex）与和平（Pax）/ 015

III. 最早的刑罚——神圣人 / 029

IV. 最古老的刑事诉讼——"向人民申诉" / 041

V. 从王政到共和国——暴君塔克文 / 053

VI. 布鲁图的正义审判——王子犯法与庶民同罚 / 067

VII. 使城邦建立在法律之上——《十二表法》/ 077

VIII. 禁止非法结社——《关于酒神节的元老院决议》/ 091

IX. 流血的斗争——格拉古兄弟土地改革 / 105

X. 西西里的美丽传说——古罗马的第一个行省 / 117

XI. 类推适用——弑母者的遗嘱 / 129

XII. 西塞罗的法庭演说——辩护还是表演？/ 139

XIII. 道德改革者的家庭闹剧——《尤利亚法》/ 151

XIV. 《维斯帕芗关于权力的法律》——君权法授 / 167

XV. 我们都是罗马人——《卡拉卡拉敕令》/ 177

XVI. 基督教合法化——《君士坦丁敕令》/ 191

XVII. 从法律到法典——《狄奥多西法典》/ 205

XVIII. "普罗柯比的猜想"——优士丁尼皇帝的法律轶事 / 217

参考文献 / 231

缩略词表 / 243

重要人名对照表 / 245

编年表 / 261

后记 / 265

I 罗马建城

——母「狼」乳婴与鸟占定王

我梦见一位英俊的男子拉着我穿过美丽的岸边和一些我不知道的地方。后来,我听见我的父亲对我说:"女儿,你首先要承受很多苦难,然后好运将从河里来到你的身边。"

　　铸造青铜像，我们也许不如别人那般栩栩如生；雕塑大理石像，我们也许做不到如别人那般逼真……但是，罗马人，你们要记住，你们拥有统治世间其他民族的力量——罗马的艺术应该是将和平施惠于人的艺术，是施行法治的艺术，是给战败者以宽恕、使傲慢者屈服的艺术。

——维吉尔：《埃涅阿斯纪》

《母狼乳婴》雕塑 / 意大利罗马卡比多利奥博物馆

徜徉在罗马古城的羊肠小道，不经意就能看到"母狼乳婴"的铁艺挂在某个美丽的街角。而在市政厅前面，也有一尊同样的大型石雕，站在城市的最高处守卫着这座有着近三千年历史的"七丘之城"。其实，很多足球爱好者对这个"母狼乳婴"的图案都不会感到陌生，因为意大利罗马队的球服上也有这样的标志。

不过，这座雕像的真品是青铜材质的，就珍藏在市政厅旁边的卡比多利奥博物馆中。市政厅和卡比多利奥博物馆都坐落在罗马七座山丘中最高的卡比多利奥山上，这里是罗马建城之初最重要的政治宗教中心。这尊看上去威严冷峻的母狼雕像制于公元前5世纪，下半部分的双胞胎兄弟却是文艺复兴时期才添加上去的。后来，这个图案成了罗马的市徽。我们讲述罗马人的智慧，就从其背后传奇浪漫的罗马建城传说讲起。

不知是意大利人有意为自己的建城史镀金，还是因为罗马文化与希腊世界之间错综复杂的关系，根据维吉尔的史诗《埃涅阿斯纪》中的记载,罗马人的祖先可以追溯到阿芙洛狄忒的儿子埃涅阿斯。特洛伊城陷落之后,英雄埃涅阿斯被迫带着一众人离开家乡,经历千辛万苦,最后抵达拉丁姆地区,他的后裔建立了新的王国阿尔巴隆迦(Alba Longa)。

到公元前 8 世纪的时候,阿尔巴隆迦的国王被弟弟阿姆里乌斯谋权篡位。阿姆里乌斯先是赶走了哥哥自立为王,随后又残暴地迫害他的家人。他不仅杀害了兄长家中的所有男性后嗣,还勒令后者唯一的女儿塞尔维娅去做了灶神维斯塔神庙终身守贞的祭司,以免她将来结婚生子对王位造成威胁。这位遭受不幸的美丽公主受到神的垂怜,邂逅了战神马尔斯,两人结合生下了一对孪生兄弟,分别取名为罗慕洛斯和雷穆斯。可能是继承了父母的优良基因,这对兄弟不仅拥有漂亮的容貌,而且体型还要比普通的婴儿更加硕大。

阿姆里乌斯得知这一消息后,非常愤怒。派人处死塞尔维娅,并下令将这对刚出生的双胞胎兄弟装到竹篮里投入台伯河中。幸运的是,装着这对双胞胎兄弟的竹篮漂到台伯河的一片沼泽地时,被一棵榕树的树枝挂住了。

双胞胎兄弟的哭声引起了一只善良的"母狼"(Lupam)的注意,它寻着哭声找到了这对嗷嗷待哺的双胞胎兄弟。她将竹篮叼到树林里,把乳头塞进孩子们的嘴里,用自己的乳汁喂养他们。这感人的一幕被一位经过此地为王室放羊的羊倌看到了,他甚是喜爱这对可爱的双胞胎兄弟,便把他们带回家,与妻子一起把兄弟二人抚养长大成人。据说这位羊倌叫作法乌斯都。

罗慕洛斯和雷穆斯兄弟二人长大后,杀死了阿姆里乌斯,帮助他们的外祖父恢复了王位。但是他们并没有留在自己可以继承王位的地方,而是带着深深的眷恋回到了他们长大的台伯河边。他们带领一群无家可归的流浪汉,在七座小山丘之上建立了一座属于他们自己的新城,即后来被称为"七丘之城"的罗马。

《牧羊人法乌斯都带孪生兄弟回家》(The Shepherd Fausto Bringing Romulus and Remus to His Wife)
[法]尼古拉斯·米尼亚尔(Nicolas Mignard)/1654年/美国达拉斯艺术博物馆

两位孪生兄弟起初相处友善，但是后来却为了谁来为城邦定名和掌握统治权发生了争议。在还没有法律的年代，古罗马人习惯将司法审判权交给神，他们认为神会通过特定的"使者"来传达他的决定。罗马人使用的最早的争议解决方法叫作鸟占，这是一种占卜之术，即通过是否能看到鸟、看到的鸟的数目或者是鸟的叫声这些特定的现象来解读神的旨意。用来进行占卜的鸟必须是一种特殊的鸟，叫作兀鹰。兀鹰飞行不用拍动翅膀，而是利用气流在天空飞行。它们总是突然从远处飞扑下来啄食动物的腐尸。兀鹰的主要食物是腐尸，也就是说绝不会伤害任何一种生物，更不会攻击别的鸟类。在埃及人的神话里，所有的兀鹰都是雌性的，通过接受东风带来的精气而受孕。因此罗马人认为它们无害且可靠。同时，由于兀鹰生活在山地的高岩上，并不常见，所以罗马人常常猜测兀鹰实际上是与神生活在一起的，只有在需要传达神的旨意时才会出现。

罗慕洛斯和雷穆斯约定，通过鸟占来决定谁是未来的罗马王，并以未来王的名字为城邦命名。罗慕洛斯选择了帕拉丁山作为自己看到征兆的地点，雷穆斯则选择了阿文庭山。他们约定，谁看到天空飞过的兀鹰更多，谁就是城邦的王。按照传说，雷穆斯只看到 6 只兀鹰，而罗慕洛斯却看到了 12 只。雷穆斯认为罗慕洛斯使用了欺骗的手段，兄弟二人在争执中打斗起来。结果是罗慕洛斯杀死了雷穆斯，成为罗马的第一任王。

罗马知名的鸟卜官维提乌斯认为，罗慕洛斯见到的 12 只兀鹰代表罗马将存续 12 个世纪，即从公元前 8 世纪罗慕洛斯建城到公元 5 世纪小罗慕洛斯被驱逐。[①] 也有历史学家认为，罗慕洛斯日后总是带着 12 个随从，也是因为他认为"12"是自己的幸运数字，是神对他的暗示。建城以后，懂占卜之人受到了王的重用，并且逐渐形成了一个宗教团体。这个团体受到王和人民的广泛尊重，被认为是神的代言人和

---

① 公元 476 年，西罗马帝国灭亡。

《鸟占定王》/ 黄艺临摹

城邦和平的守卫者，通过解读神的旨意而解决各种纠纷。在没有法律和法官的年代，这些占卜者以神之名，消解着城邦内的纠纷矛盾，决定在城邦外是否发动战争。

"七丘之城"定名为"罗马"之后，罗慕洛斯开始划定城界修建城墙。普鲁塔克在他的作品[①]中记载：罗慕洛斯将一块青铜做成的犁头拴在犁上，然后分别将犁轭拴在一头公牛和一头母牛的背上。他亲自赶着牛，犁出一道深深的沟洼作为界线。一群农民则跟随其后，负责将犁头掀起的泥土翻到界限以内，从而避免其他人越界。他们还在预定设置城门的地方，从土地里拔出犁头并且抬起犁，形成一段没有犁沟的间断作为城门。因此罗马人认为犁头所到之处为城墙，均是神圣不可侵犯的，只有留下作为城门的那部分除外。在罗马人看来，城门总是有遭人厌恶的东西经过，包括被流放和被驱逐的罪犯，甚至是

---

① ［古希腊］普鲁塔克：《希腊罗马英豪列传》（第一卷），席代岳译，安徽人民出版社2012年版，第45页及以下。

尸体。

在意大利博洛尼亚马尼亚里宫里,就藏着一幅描述这段历史的壁画。静静地站在这幅作品面前,你能感觉到这幅作品中的士兵、公牛和农民实际上已经包含了作者对罗马城邦最初状态的全部理解——罗马是一座农耕之城,人民放下武器是农民,拿起武器又成了战士,而王就是这座城的政治领袖和军事领袖。

公元前753年4月21日,罗慕洛斯在帕拉丁山周围建起的城墙边上,为诸神献上了祭品,举办了隆重的仪式,这一天,罗马正式建城。

实际上,当时的罗马人还只是现今意大利土地上的一支规模很小

《罗慕洛斯与雷穆斯的故事》(The Stroy of Romlus and Remus)
[意] 安尼巴尔·卡拉奇(Annibale Carracci)/1589年—1592年/壁画/意大利马尼亚里宫

的民族，大抵相当于现今的一个村落。他们讲拉丁语，居住在意大利中部地区的西边拉丁姆平原上。北边是埃斯特鲁人，萨宾人聚居在东北部山丘上，南部则是萨姆尼特人。北部的埃斯特鲁人已经拥有非常发达的手工业，而希腊人在意大利南部扩展着自己的殖民地。这些民族都没有看中这块既不利于防守也不利于通商的山丘地带。

据说，罗慕洛斯建城，追随这位英勇之王的是3000名身强力壮的流浪汉。虽然在开疆拓土上屡战屡胜，但是考虑到城邦的发展与繁衍，从兴建城市后的第四个月开始，罗慕洛斯就陆续派出多位使节到相邻的部落寻求通婚，不过没有人愿意将自己部落的女性嫁到这个没有通商、尚武好战的城市。因为这些民族的人既看不上这些罗马男人的低微出身，也瞧不上这个除了七个山丘之外到处是湿地的荒蛮之地。

罗慕洛斯决定靠武力来解决这个问题，他设计了一场大规模的抢亲。他们瞄准了相隔不远的萨宾部落，因为这里的女人漂亮且优雅。萨宾人居在台伯河东岸的山岳地区，以其特殊的宗教信仰和习俗而著称。罗慕洛斯借着为收获之神举办祭祀庆典的机会，筹办了一场盛大的驾车赛会，盛情邀请邻近的萨宾人携带家眷来参加。当时城邦之间的约定是，在祭祀的日子里禁止一切战斗，因此萨宾人并没有任何防范，也没有佩戴武器。在大家玩兴正浓时，罗马人的领袖扬起了披风作为暗号，每个罗马的青壮年男性瞄准一个少女进行抢夺，毫无准备的萨宾人为了保护妻儿不得不愤怒地逃走。

奥维德在他的《爱的艺术》中，这样描述这次抢劫：

> 那年头，没有天篷遮盖大理石剧院，
> 舞台也没有用番红花汁渲染；
> 简陋的舞台，随便挂着些树叶编的花环
> ——反正帕拉丁绿叶满山；
> 人们坐在一块块草根土砌的台阶上，
> 几枝树叶缠着头发，蓬乱粗蛮。

《劫持萨宾女人》(The Rape of the Sabine Women)
[法]尼古拉斯·普桑(Nicolas Poussin)/约1631年/美国纽约大都会艺术博物馆

他们环顾四周,各人挑选看中的少女,
虽不言语,内心里已骚动不止。
直到伴随着笛子奏出的粗腔野调,
舞蹈表演者在平地跺脚三次,
一片喝彩声里,
国王向部下发出了抢的指示。
他们立即跳起,狂呼声泄露了渴望,

> 伸出情欲之手向少女们扑去。
> 宛如逃避老鹰的鸽子——最胆小的鸟，
> 宛如逃避恶狼的新生的羊羔，
> 她们也这样怕冲上来的野蛮男人，
> 这时谁还能脸不变色心不跳？①

按照传说，有30位未婚女子被抢到手。萨宾人自然不会就此屈服，他们多次组织军队前来要求罗马人归还自己的亲人，可是却屡败于兵强马壮的罗马人之手。等到他们最后一次集军而来时，这群已经成为罗马市民的萨宾女人们不顾危险地冲在了两支队伍的中间。她们举起自己的孩子，向交战的双方亲人哭诉着自己的担忧。她们说，自己既不想失去丈夫，也不想失去父兄。

显然，这群可怜的女子感动了这些与他们有着血脉联系的男人们，融化了他们的斗志。罗马人和萨宾人达成了和平协议：罗慕洛斯邀请萨宾人前来奎利诺山居住，给予萨宾人公民权并且保证他们的财产权利，同时还答应为萨宾的长老提供元老院席位。

为了纪念这些勇敢的萨宾女子，罗慕洛斯把罗马市民划分成30个库里亚，并以她们的名字命名。无疑罗慕洛斯的做法是非常智慧的，普鲁塔克就评论说没有任何比同化被征服者更能使罗马强大的了。

现代的意大利历史学家认为这段美丽传奇的神话传说其实毫无历史依据。倒并不是因为母狼根本无法哺育孪生兄弟，而是李维在其描述中所使用的"lupam"一词（Liv.1.4）②，本身还有"妓女"的意思。可是，为了避免在描述中让这座神圣的永恒之城有不体面的身世背景，罗马人似乎更愿意相信是一只母狼挽救了他们祖先的生命。

然而，每一段传说其实都是一种隐喻，即使荒诞无稽，也远比枯

---

① 《古罗马诗选》，飞白译，花城出版社2001年版，第172—173页。
② 全书涉及李维《自建城以来》，翻译大多均参照王焕生老师译本：[古罗马] 提图斯·李维：《自建城以来》，王焕生译，中国政法大学出版社2009年版。

《萨宾女人的调停》（The Intervention of the Sabine Women）
［法］雅克-路易·大卫（Jacques-Louis David）/1789—1799年/
法国卢浮宫博物馆

燥难看的历史事实容易让人接受。这大概也是为什么罗马人在描述罗慕洛斯建城的故事时，还能生搬硬套地与传说中的埃涅阿斯联系起来的原因吧。毕竟，受人喜爱的历史才是"真实"的。无论如何，有一点是可以确定的，那就是古代罗马如同所有其他社会一样，统治者通常都是借助神的旨意来实现自己的意图。这就是古罗马法最原始的模样："法学是对神和人的事务的认识。"（I.1.1.1.）①

---

① 翻译参见徐国栋：《优士丁尼〈法学阶梯〉评注》，北京大学出版社2011年版，第30页。

II 驽马『王』的统治
——法律（Lex）与和平（Pax）

《厄革利娅将罗马法律赐予努马》(Egeria Gives the Laws of Rome to Numa Pompilius)
[意]安娜·奥塔妮·卡维娜(Anna Ottani Cavina)/1806 年/西班牙驻罗马教廷大使馆

看,那位头戴橄榄枝、手捧圣器的人是谁?
从他那花白的头发和雪白的胡须,
我认出他是努马,
他是罗马人的王。
他出生于小库勒斯那一块贫瘠的土地,
但他将拥有最高权力,
并以法律缔造辉煌的罗马之城。

——维吉尔:《埃涅阿斯纪》

《毕达哥拉斯提倡素食主义》（Pythagoras' Advocating Vegetarianism）
[荷]彼得·保罗·鲁本斯（Peter Paul Rubens）/1618—1630年/英国温莎城堡

左一穿白袍者是弩马，一般记载都认为弩马是毕达哥拉斯的门下弟子。

罗马城的第二位王弩马（Numa Pompilius），是一位非常具有神话传奇色彩的王。据说他是萨宾人，根据神的安排，他恰好出生在罗马建城的那一天，即4月21日。奥维德在《变形记》中提到此人曾是毕达哥拉斯的门下弟子，学识渊博，天赋秉异却清高绝俗。在担任王之前，他与妻子在森林里过着幸福安宁的隐居生活，专注于崇拜不朽的神明。

古罗马的王是终身制的。传说罗慕洛斯在一次祭祀典礼上被神带走了，而弩马则因为其出众的美德和才华被民众推选为王。他为人宽厚，才华横溢，因智慧过人且德高望重而知名。他深知罗马城的基础是为了实现稳定和守卫城池而由若干氏族和家庭构成的共同体，因此他把自己的君主权力理解为城邦内的人们出于抵抗外侵和维护安宁的需求，因此王既是军事领袖又是政治领袖。

努马崇尚和平，并且爱好正义。在他的统治下，罗马不仅没有进行任何军事扩张，其优良的政治管理制度也备受赞誉。努马执掌政权后，非常希望能够改变罗马人鲁莽和野蛮好斗的习性。他先是解散了罗慕洛斯身边的300个卫士和手持法西斯束棒的侍卫，接着在罗马广

《雅努斯神庙》（The Temple of Janus）
［荷］彼得·保罗·鲁本斯（Peter Paul Rubens）/1635 年 / 俄罗斯圣彼得堡艾尔米塔什博物馆

场上建造了雅努斯神庙呼吁和平。

雅努斯在罗马被称为门户神，是罗马最古老的神灵之一。他的形象是两张朝向不同的方向的脸，也被称为"两面神"。同时，雅努斯还象征着开始，因此罗马日历中的第一个月就是以雅努斯命名的。雅努斯神庙在平时关闭，只有在战争时才会打开。弩马在位期间，罗马的雅努斯神庙的战争之门从未打开过一天，持续关闭43年之久。

弩马不仅竭力教化和感召民众，而且组织了一系列体制改革，他创设了许多行为规范，希望借此使罗马人狂妄倔强的性格变得温和公正。李维在《自建城以来》（Liv.1.19）中这样讲述弩马制定法律规范的故事[①]：

弩马登上王位后，想让罗马这座建立在军队和武装的基础之上的城邦焕然一新，所以他引入了良好的习俗和公正的法律。他知道，如果没有某些神秘的故事，对神的畏惧是很难深入人心的。于是他多次独自一人前往一座有小溪穿过的森林里，假装在森林深处与女神厄革利娅彻夜交谈，并且每次回来后都立即向市民大会提出新的建议，就仿佛是从女神那里获得了诸神的旨意一样。

狄奥尼修斯（DH.2.60.5）[②]也提到，人们认为弩马的智慧来自神，厄革利娅女神常常见他并传授他"统治的艺术"，不过也有人说那不是厄革利娅女神而是缪斯女神。

由于弩马虔诚的信仰，他在治理中非常注重与神的"交流"，或者说常常倚靠神的力量。他最先把祭司称作 pontifices，普鲁塔克解释这个称呼来自"权力"（potens），但蒙森却说这些人是一群"工程师"，所以他将这个词诠释为"造桥者"，认为他们的重要职能是建造和拆毁台伯河桥。而且，正是由于他们熟谙度量和数目的奥秘，所以由他们负责执掌国家历法，向人民宣告每月的节庆和主持各种宗教典礼以

---

① 参见［古罗马］提图斯·李维：《自建城以来（第一至十卷选段）》，王焕生译，中国政法大学出版社2009年版，第29—33页。
② See Dionysius of Halicarnassus, *Roman Antiquities*., Lob classical library.

及司法事务，并且规定和公布祭祀典礼的各种通俗戒律。由于他们最早垄断了法律，因此《学说汇纂》在论述法学家的沿革时就是从祭司谈起的。

《厄革利娅女神向努马口述罗马的法律》（The Nymph Egeria Dictating the Laws of Rome to Numa Pompilius）
［西］尔皮亚诺·切卡（Ulpiano Checa）/1886 年 / 西班牙马德里普拉多国家博物馆

《弩马创设维斯塔祭祀》（Numa Pompilus is Tituisce il Culto Delle Vestali）
［意］朱塞佩·切萨里（Giuseppe Cesari）/1636 年—1638 年 / 意大利罗马卡比多利奥博物馆

努马还亲自担任大祭司（pontifex maximus），即祭祀团之首，专门负责主持祭祀的仪式、宣布和解释神律。一切公共祭祀和私人祭祀活动都要服从大祭司的安排，其目的是避免疏忽祖先的宗教规定。他还非常注重祭司的任命，为了使王的职责范围内的祭祀事务不被忽视，他甚至为朱庇特任命了一名常设的祭司弗拉门（flamine）。在军事领域，他创建了议和祭祀团，负责协商和谈判以平息和其他民族之间的纷争。没有获得祭司的同意之前，任何人都不得动用武力。

彭波尼曾经在他的单卷本《教科书》中提到："在我们的城邦起源之时，人们开始进行活动时没有确定的法律，一切事情都是在王的统治之下。"（D.1.2.2.1）[①] 按照此种描述，将"君王喜好之事"视为当时的裁判规范确实不为过。

实际上，无论是统治者还是共同体内的个人，古罗马史中的行为规范都是以宗教信仰为基础的。罗马人对宗教的信仰形成了一股神秘的力量，对外能够激励罗马人开疆扩土，对内能够保证共同体安定生活。而被尊之为"神的事务和人的事务的仲裁人"的祭司则自然成为人和神之间的"桥梁"。因此，担任大祭司的王，通过控制人们的信

努马与担任大祭司／雕塑

---

① 参见［古罗马］优士丁尼：《学说汇纂（第一卷）：正义与法·人的身份与物的划分·执法官》，罗智敏译，中国政法大学出版社2008年版，第21页。

仰而掌控了人们的公共生活，并且进一步渗透到各种私人关系中。

努马以宗教教义铸模，将城邦共同体的一切习俗都纳入其中，从而颁布了一些"受神指引"而制定的、以保卫城邦共同体安定为目的的行为准则。很多人都认为罗马法中最早的法律渊源——传统习俗，来自于努马从厄革利娅女神那里获得的旨意，从而具有毋庸置疑的权威性。事实上，更准确的说法应该是从生活中总结出来的一些未成文但不断重复的规则，或是共同体居民就其约束性达成一致的某些法律意见。

这些法律后来被笼统地称呼为"君王法"（leges regiae），也就是"王政时期的行为规范"或者"罗马早期的王政时代制定的法律"。

按照意大利罗马第一大学盖娅博士的研究，君王法应该在罗慕洛斯时期就出现了。但是，这些"法"并不是一套有着严谨逻辑的行为规则或是裁判规范，而是源于那些维护人神关系的宗教礼仪和行为指南，从而维护城邦的安定团结。

例如，狄奥尼修斯在其《罗马古代史》与费斯图斯在其《语法》中就提到了许多王政时代早期的规定：

（1）罗慕洛斯规定：不允许妻子离开自己与丈夫的共同住所，同时要保证自己的行为无可指摘。（DH.2.25.4）

（2）妻子可以继承丈夫的遗产。丈夫如果去世但没有留下遗嘱和儿女，那么妻子成为所有家产之物的主人。否则，可以跟儿女一样请求获得遗产继承权。（DH.2.25.5）

（3）对于通奸和喝酒的女人，判处死刑。（DH.2.25.6）

这几项规定一方面说明了古罗马早期的夫妻生活对道德水平有着极高的要求，另一方面也说明了这是一个男女权利极不平等的社会。

（4）罗慕洛斯规定：父母必须将所有的男孩和第一胎女孩抚养长大；禁止父母杀死3岁以下的孩子，除非孩子天生残疾或者畸形。违反规定的人将受到严厉的惩罚，甚至可能被没收一半财产。（DH.2.15.2）

（5）罗慕洛斯还规定：倘若违反维斯塔贞女的守贞义务，惩罚是将其抽打至死。维斯塔的女祭司也应当守贞，否则将被活埋。（DH.1.78.5）

希腊神话中的赫斯缇娅女神在古罗马被称做维斯塔，是家庭和炉灶的保护神，代表女性的贞洁、贤惠和善良。如果一个维斯塔贞女没有尽到保护圣火使之纯洁的义务，便是违背了神明的规定，是不得体的亵渎行为，将被处以献祭之刑，用通俗的话说，就是"不得好死"。实际上，那时候更通常的做法是：把没有守贞的女祭司关入地下室内，留下一盏点燃的灯、一块面包、一些牛奶和清水，然后用泥土将这座地下室掩埋封死，让她在黑暗之中慢慢窒息而死。这样一来，既不会使施刑之人有不得体的杀害行为，也能让未守贞的女祭司获得应有的刑罚，就好像是神带走了她一样。

（6）如果儿子殴打父母，或者媳妇未对公婆履行孝敬义务，则将受到刑罚。倘若某人故意杀害自由人，则必须通过献祭自己来获得救赎。（Festus.260L）

（7）倘若某人被雷电击毙，不得为其举办葬礼。（Festus.190L）

罗马人常常将"是否善终"看得与出生后可以享有的权利一样重要，对死者的遗体一般要用火化的方式进行处理，并且要举办隆重的仪式。如同很多古代的法律一样，《十二表法》的最后一表规定的就是葬礼仪式。

正如维吉尔所言，努马实际上是利用法律创造了辉煌的罗马城，这也正好符合演说家狄摩西尼为法律写下的定义："法律就是所有人应当遵守的东西，这基于诸多理由，特别是因为每项法律都是神的创造和恩赐，是智者的理论，是对有意或无意实施的犯罪的惩罚，是城邦的共同协议，生活在城邦中的一切人应该根据该协议生活。"

类似于所有早期文明中的君主，努马将自己的至高权威与超自然力量联系在一起，并且将自己的职责设定为维护城邦内部的秩序、抵御外敌的入侵和维护与超自然力量的关系。他们以神之名获得罗马人

《维斯塔贞女的祈祷》(The Invocation)
[英]弗雷德里克·雷顿(Frederic Leighton)/1826年

II. 罗马"王"的统治——法律（Lex）与和平（Pax）

古罗马维斯塔神庙外景图／黄美玲摄

民对他们的顶礼膜拜，并通过兼任大祭司身份而获得至高无上的行政权力和军事权力。其实无论中外，"神的意旨"似乎都是统治者说服人民的最佳捷径，也是他们控制和治理国家最有效的方式。在中国传统文化中，皇帝不也是自称天子吗？

  罗马的建国者们也常常被认为是神之子或是神的代言人。传说罗慕洛斯就是战神马尔斯的儿子，掌管国家的军事权力和宗教权力。即使在数个世纪以后，众神只是神庙中的雕像供人敬仰而不再"来到凡间"时，罗马皇帝们也会通过宣布其前任为神来增加自己的权威，一来他可以自称为神的儿子，二来他死后也能获得这种荣耀。抑或是佯装自己的政见是受神的启示，从而使自己的权力具有重要和神圣的性质，因此人们应该像敬仰神一样给予他们最大的敬意。

三 最早的刑罚——神圣人

《罗马万神殿内部》(Interior of the Pantheon, Rome)
[意]乔瓦尼·保罗·帕尼尼(Giovanni Paolo Panini)/1734 年 / 美国华盛顿国家美术馆

罗马最与众不同的优越性便是罗马人对宗教的信仰。而罗马人这样做，是因为一个国家不可能完全由一群智者所组成，民众往往是反复无常、充满欲望、冲动无理智和无法控制情绪的，因此必须借由神明的威慑性加以钳制。

——波利比乌斯：《历史》

在每个民族的幼年时代，宗教与法律似乎都很难被清晰地分离。古埃及国王的一切司法活动都是在玛娅特女神的指导下进行；古希伯来的《摩西十诫》既是教规也是法律；两河流域的《汉谟拉比法典》在序言部分就宣称汉谟拉比是众王之神；古印度的《摩奴法典》根本就是一部教规；而在"众神守护"下的古罗马更是如此。

罗马是万神教，罗马人信仰各种各样的神。初到罗马的时候，一直没明白为什么罗马有许多外表类似却名字各异的教堂名，不计其数的神的名字和与之对应的节日。后来时间久了才慢慢知道，罗马的众神都是有分工的，而且都非常"亲民"和实用，能够帮助人们实现各

《玛娅特女神与头顶上的羽毛》（The Goddess Maat）/ 意大利佛罗伦萨考古博物馆

种具体的世俗目的，例如：守卫城市的朱庇特，战神马尔斯，掌管商业的墨丘利，灶神维斯塔，工艺和智慧之神米涅瓦……世间有多少事，罗马人就有多少神。而且，罗马人甚至不忌讳以诸神的名字取名，大概的用意与中国人取名艺术相同，例如五行缺木的人名字中一般都有两个"木"字旁的字，罗马人如果希望孩子很聪明，就取名叫作索菲娅（智慧女神的名字）。

如同所有的原始社会，罗马人形成的共同体最初是为了防范外族的入侵。不过在共同体内部，为了实现城邦的和平和发展，也自然形成了一套所有市民共同遵守的道德规范体系。倚仗神明对人的威慑力，城邦的首领把共同体的民众普遍认可的道德品格纳入宗教的教义，将人世间的罪恶与惩罚与公正道义的神灵联系在一起。这样一来，凡违背共同体规则或者说使罗马社会受到损害的人均被视为有罪之人。

不过，古罗马时代的刑罚，并不能与我们现代意义上的犯罪相呼应。这是因为，初民时代的罗马人，并没有准确地区分侵犯国家、社会和个人的行为。任何损害城邦共同体的行为都是一种犯罪，是对自己灵魂的损伤，也是对神的亵渎，罪犯必须要通过承受刑罚来赎罪。源自早期祭祀仪式的行为规范，从祭司们所解读的天意中获得了一种间接的神圣性，任何违反这些以习俗、命令的方式所展现出来的规范的行为，都是对城邦共同体的冒犯，都是对守城神明的亵渎。这就是早期罗马史中刑罚力量的根源，只不过更多是以祭祀行为的程序体现出来。

意大利著名的刑法学家贝卡利亚认为，法律是共同体内部人民为了安享自由而联合成社会的基本条件。为了不使单独的个人霸占他人的自由，共同体的领袖才规定了刑罚。通过这种易感触的力量，阻止个人专横的心灵使社会的秩序重新沦入古时的混乱，保护积存的公共利益并且最大限度地给予臣民自由，在最大范围内实现公正。这便是刑罚的起源。

1889 年，意大利考古学家雅克莫（Giacomo）在古罗马废墟的心脏地带——元老院前面的集会广场——发现了一块黑石。该地方传说是罗慕洛斯死去的地方，周围是一系列神圣的祭祀神祠，而上面的碑文更是引起了众多考古学家、历史学家、语言学家和法学家的关注，甚至是论战。

一个阳光明媚的秋日早晨，在罗马废墟首席考古学家帕特丽兹娅（Patrizia）和罗马第一大学罗马法史学教授塔茜（Tassi）的亲自陪伴下，我终于目睹了这块大名鼎鼎的黑石的芳容。这是一大块凝灰岩石，顶上一截残缺，不走到考古工地现场最下层并且钻到错落的废墟最中间，实际上是很难看到它的真实面目的。石碑上的碑文是用古拉丁文以牛耕式转行书写法写成的。具体是对何种行为进行规制，从碑文上并不能看出来，但是从其关键词中能够发现，这是一则明显具有宗教特征的碑文。"quoi hon...sakros esed, ovvero sacer esto."意思是："如果谁……则为神圣人，处献祭刑。"

帕特丽兹娅和塔茜教授告诉我，此处是罗马第一任王罗慕洛斯的安息地，由于罗慕洛斯死去后被公认为神，因此碑文应该规定的是"禁止从此神圣之地通行，否则将成为神圣人"。

这一术语明显具有浓厚的宗教色彩，但恰恰就是罗马刑罚最原始的模样。公元2世纪的古罗马语法学家费斯图斯在《语法》中最早解释了"sacer esto"的含义：他们是那些犯了臭名昭著的错误而被驱逐出城邦之人，因而人们要远离他们。任何杀害他们的人，都不用承担任何责任，因为他们已经不受城邦的保护。

现代语言学家卡尔•阿贝尔（Karl Abel）则指出，sacer 有"属神的和遭罪的"两层意思。弗勒（William Fowler）在其就这一主题撰写的论文中认为，"sacer esto"实际上是一个诅咒，受到诅咒的神圣人是一个被放逐者，一个被禁止的危险的人。随后，阿尔弗雷德·梅耶在其《拉丁语词源学辞典》中注解，这个词的意思是"神圣的"，近

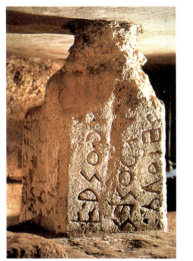

黑石,发现于罗慕洛斯的陵墓附近　　黑石文字还原版

似于"被诅咒的"意思。这些神圣的人,是祭祀给冥府诸神的有罪的人。[1]

不过,当代意大利著名哲学家阿甘本则用这种古罗马最常见的刑罚制度来解释他独特的政治权力观点。他在上述观点之上往前更推进一步,认为"神圣"包含将事物从世俗领域和神圣领域双重排除。这些遭受刑罚之人,不仅被剥夺了"不被杀死"的被保护权,而且由于其污浊性也不允许被用来献祭,因为祭祀会把一个人或物从世俗世界带到神的世界。而神圣人是被排除在人法和神法双重领域之外的,指"一个已经被排除在共同体之外、能够被不受惩罚地杀死但却不能被祭祀给诸神的个体"。[2]

---

[1] 参见 [意] 吉奥乔·阿甘本:《神圣人:至高权力与赤裸生命》,吴冠军译,中央编译出版社2016年版,第112页。
[2] [意] 吉奥乔·阿甘本:《神圣人:至高权利与赤裸生命》,吴冠军译,中央编译出版社2016年版,第28页。

陶罐献祭图／英国伦敦大英博物馆

他认为"神圣人"[①]呈现了原始社会中刑罚制度的司法—政治二元维度。"祭祀"是一种隔离世俗和神圣的方式，是确立政治权威所必需的暴力。他认为这种制度揭示了生命政治的内在结构，构成了西方政治领域的第一个范式。因为它代表原初政治关系，生命成为国家权力的各种规划与算计的主要对象。

其实蒙森也曾经提到过，古罗马"以人供祭"的行为虽然是拉丁人信仰的精髓，但是就牺牲性命而言，罗马人是比较谨慎的，仅限于提交公民法庭受判的罪人以及无罪自愿赴死的人。后者通常是在众神对无法抓获确定的罪人而愤怒时，自愿舍身来平息神怒之人。那么，"神圣人"并不可以用来献祭的观点看来是正确的。

在很多可信的文献中，我们都能看到这样的刑罚：

> 关于庇护关系，引入了希腊的习俗，即每一位平民选择一名贵族作为自己的庇主，双方都要承担相应的义务：无论是门客还是庇主，都禁止将对方告上法庭，或是在诉讼中为对立方作证，

[①] 写作本书时，意外地发现意大利著名哲学家阿甘本的著作《神圣人：至高权力与赤裸生命》中文版已经出版。于是在"神诛之人"与"神圣人"之间，选择了《神圣人》中文版翻译者吴冠军老师更为含蓄和全面的翻译——神圣人。

《伊菲革涅亚的献祭》（Sacrifici d'Ifigenia）
公元1世纪 / 马赛克 / 西班牙巴塞罗那加泰罗尼亚考古博物馆

投票反对对方，或者与对方的敌人为伍。任何一方作出上述事情，根据罗慕洛斯所制定的法律，都因为违反违背双方之间的信义关系而被认为有罪，成为神圣人（DH.2.10）。

如果移动田界标志物，或者是占有他人的牲畜，将为神圣人（DH.2.74.3）。

>允许丈夫拥有绞死妻子的权力，只要她毒害自己的儿女、伪造他的钥匙或是通奸。如果丈夫用其他理由抛弃发妻，按照法律规定要将一半产业分给妻子，其余的部分奉献给西瑞斯女神。无论何人要与妻子断绝关系，为了赎罪起见要向死神献祭。如果贩卖妻子，则成为神圣人。（Plutarco.22.3）

可见，早期的刑事处罚带有浓重的宗教色彩，或者实质上说，宗教是统治者制定刑罚的正当理由。早期的刑罚种类非常少，但是却非常严酷，且带有报复性。不过这种报复是来自神的报复，违德负义之事亵渎了神明，所以犯罪之人将被诉之于神并使之受到神的报复。最原始的"献祭刑"中，神也不喜欢他，因此任何人都可以杀害他。凶手不用承担任何责任，是因为这种刑事处罚仅限于那些严重危害了城邦共同体利益的行为，神借凶手之手对其进行处罚。

那为什么这种获罪于神的人（sacer）并没有被剥夺公民权呢？因为，将其革出社会与所有公民内心的善良相违背，任何亵渎神的人都不应该由凡人而应该由神去惩罚。在罗马人眼里，杀死一个无辜的自由民是一种耻辱，因为亵渎了神明，但是杀死一个受神诛之刑的人也会被认为并不是什么光彩的行为，虽然不用承担责任，但是常常需要一场祭祀来为自己救赎。

普鲁塔克在《希腊罗马英豪列传》（Plutarco. 23.24）中[①]还记载了这样一则故事：

>罗马与萨宾和解之后，在萨宾人的领袖塔提乌斯统领部落的第五年，他的一些朋友和亲戚在路上遇到了来自第勒尼亚海岸劳伦图姆的使臣。这些人起了歹心要抢夺使臣的金钱，在使臣反抗的过程中杀死了使臣。死者的亲属提出罪犯偿命的要求，虽然罗

[①] ［古希腊］普鲁塔克：《希腊罗马英豪列传》（第1册），代岳译席，安徽人民出版社，第76—78页。

慕洛斯认为应该立即惩处抓到的罪犯，但是却遭到塔提乌斯的故意阻挠。在罗慕洛斯与塔提乌斯在阿文庭山上献祭的时候，死者的亲属发起袭击，杀死了从中作梗的塔提乌斯。但是罗慕洛斯认为这也是一种罪行的抵偿，因此开释了杀害塔提乌斯的凶手，但是他们举行了一场隆重的祭祀仪式以获得城市的安宁。

换言之，古罗马的刑罚，并不是一种来自外部暴力的刑罚，而是一种源于神明报复的威慑。对于一个在众神守护下所建立的国度而言，对神的蔑视相当于叛国，要将罪犯献祭给守卫城邦的神灵。这种刑罚的基础是人们对宗教的信仰，而后者通过刑罚完成其世俗化的转变，获得更加丰富的内涵。

不过，人们也会以神的名义起誓缔结一些私人约定或者进行承诺。1880年，德国考古学家海因里希（Heinrich Dressel）在罗马奎利那雷山发现了一个约公元前600年的三联陶罐。上面的文字从右及左，意思是："我以神的名义发誓，请相信我的承诺：……否则，我将……"

法律意味着秩序，宗教却植根于信仰。罗马早期的法律与宗教，由于他们共同的仪式感、权威性和普遍性而交织在一起，两者之间并没有截然分明的界限。法律因宗教的信仰力量而获得神圣性，教义渗入法律而披上世俗的外衣。但是，古罗马的刑罚更多的是为了教化和威慑，公开的审判也不是为了确定罪行，而是为了使公众达致共识。在罗马统治者的眼里，即使是审判，也不过是为了帮助民众净化灵魂，

三联陶罐 / 约公元前600年 / 德国柏林美术馆

而不是在其尊严之上强施暴行。法律之所以获得尊敬，恰恰是因为宗教赋予了它精神、方向以及法律获得尊敬所需要的神圣性。随着时间的推移，当立法者确信可以通过成文的法律来确立自己的权力和威望的时候，宗教才慢慢脱身出来。所以君王法具有浓重的宗教色彩，是早期的王政时代制定的法律，而这些法律的材料是僧侣们保存并流传下来的。

IV 最古老的刑事诉讼——「向人民申诉」

图卢斯维护城获胜(The Victory of Tullus Hostilius over the Armies of Veii and Fidenec)[意]朱塞佩·切萨里(Giuseppe Cesari)/1601年/法国卡昂艺术博物馆

要防止滥用权力,就必须以权力约束权力。

——孟德斯鸠:《论法的精神》

公元前 7 世纪中期的罗马，图卢斯·荷提里乌斯成为罗马的第三任王。传说这位王的祖父名叫荷提里乌斯，出身于罗马的殖民地麦都利亚，曾经跟随罗慕洛斯四处征战立下赫赫战功。祖母是萨宾人，名叫荷西利乌斯。在罗马与萨宾人开战时，就是她劝说被掠夺来的萨宾妇女们一起去战场上请求息战，从而留下一段传奇佳话。

这位新上任的王是一位尚武的王，骁勇善战，是典型的古罗马人。努马时期所进行的有效改革帮助他建立了一个强大稳定的粮仓，奠定了向外扩张城邦的坚实基础。但是他上台后，迅速推翻了努马的和平政策，组织城民征讨罗马城墙以外的周边城市扩大疆域。其中非常出名的就是与只有 12 英里距离的阿尔巴隆迦之间的战争。

据说，阿尔巴隆迦其实与罗马有着历史渊源。这次冲突的起因是，阿尔巴隆迦的当政者嫉妒罗马的繁荣，怂恿那些最穷但是却敢于冒险的阿尔巴隆迦人到富饶的罗马土地上进行掠夺，并且向他们承诺保护他们免受伤害。因为阿尔巴隆迦的当政者非常清楚，好战的罗马人肯定不会忍气吞声，一定会拿起武器发动战争。这样，他就可以保卫城邦之名去攻占罗马，从而获得拉丁语区域的最高掌控权。

正当罗马人准备发动战争的时候，他们发现自己与阿尔巴隆迦共同的敌人——强大的埃斯特鲁人正环伺在侧，等待他们双方两败俱伤后坐收渔翁之利。为了避免大规模的流血厮杀生灵涂炭，他们决定和解，并且通过决斗的方式来决定统治权，即各自从自己的城邦中选出三名最优秀的勇士，进行一场决斗，胜利者的城邦将获得对战败者城邦的统治权。决斗是西方世界最初的争端解决方式。

罗马城选出的三名勇士是来自于荷拉斯家族的三胞胎兄弟，他们是城邦中最英勇的战士。阿尔巴隆迦城选出的勇士则是来自库里乌

《荷拉斯兄弟的宣誓》(The Oath of Horatii)[法]雅克-路易·大卫(Jacques-Louis David) 1784年 法国卢浮宫博物馆

这幅画的中心主题是责任、爱国和自我牺牲。该作品的作者大卫是常慕拜占庭式的,并且来身参与了法国大革命,是新古典主义运动的代表人物。画面简单单主题突出。由于该作品创作于1784年,因此在1785年被展出之后,故解读为革命形势下发出的号令。

斯家族的三胞胎兄弟。非常有意思的是，这两家还有姻亲关系，荷拉斯家族的女儿荷拉斯娅已经与库里乌斯家族的三胞胎兄弟中的一位订婚。

荷拉斯三兄弟的父亲是一名武将，当他的孩子们被选出来与敌人进行决斗时，他的妻子和女儿们都在一旁伤心地哭泣。但是他却对儿子们说：孩子们，能够守卫自己的城邦是你们的荣耀，我为你们感到骄傲。你们一定要竭尽所能地去战斗，像我手中的三把宝剑一样闪耀出耀眼的光芒。现在你们伸出你们的右手宣誓，保证你们一定会团结作战、不辱使命，用生命守卫自己的城邦和家族的荣耀。

根据协定，两对三胞胎兄弟拿起武器准备战斗。双方都鼓励自己的战士：你们城邦的神、你们的城邦、你们的父母以及整座城市和整个军队都会将目光投射在你们的臂膀和武器上。这几位勇敢的战士在

《荷拉斯和库里乌斯的决斗》（Comba ttimento degli Orazi e Curiazi）
［意］朱塞佩·切萨里（Giuseppe Cesari）/1612 年—1613 年 / 意大利罗马卡比多利奥博物馆

鼓励的欢呼声中更加坚定，站到了两支军队的前方。

这几位勇士在决斗中都表现得非常出色，数个小时之后，先是荷拉斯家族的两位兄弟在严重击伤库里乌斯兄弟之后，倒在了血泊中。阿尔巴隆迦的城民们仿佛已经看到了胜利之神，他们兴奋地开始讨论要如何筹备一场盛大的庆功活动。而另一旁的罗马士兵们却俨然失去了志气，特别是当他们发现剩下的另一位没有受伤的荷拉斯兄弟开始逃跑时，他们纷纷开始指责这位"懦夫般"的荷拉斯，认为他甚至不能被称为罗马人。没有料到的是，这位荷拉斯非常聪明，他只是佯装逃走以吸引三位库里乌斯兄弟去追赶他。然后在追赶的过程中拉开差距，逐个将他们击败，没多久他就陆续战胜了三位已经负伤的库里乌斯兄弟，从而帮助罗马城邦获得了对阿尔巴隆迦的统治权。

这次轮到罗马人为自己的英雄和城邦欢呼雀跃了，他们高高地抛起自己的民族英雄荷拉斯，纷纷簇拥着他回到罗马城。荷拉斯带着战败对手的盔甲和刀剑作为战利品，雄赳赳气昂昂地站在军队最前方带领着队伍回到罗马。走到城门入口时，早早等候在那里的荷拉斯娅看到哥哥手中拿着自己未婚夫的盔甲和刀剑，顿时号啕大哭起来。她悲痛地哭喊着自己未婚夫的名字，指责自己的哥哥六亲不认杀死了自己的未婚夫，还发毒誓诅咒荷拉斯。

年轻的荷拉斯还沉浸在胜利的喜悦中，对于妹妹为敌人哭泣的行为非常生气，加上受到妹妹在众人面前的辱骂，一怒之下将手中的宝剑刺向荷拉斯娅，并且说道："去死吧！既然你忘记了战死的和活着的兄长，忘记了祖国，你就怀着你错误的爱情，从这里去见你的未婚夫吧。愿任何一个哭泣的罗马妇女都这样死去！"①

这一行为违反了城邦最基本的法律，即城邦的自由民在未经审判的情况下不得随意被杀害。人们将荷拉斯带到了王图卢斯·荷提里乌斯的面前，请求王作出最后的裁决。但是，这给王荷提里乌斯出了

---

① ［古罗马］提图斯·李维：《自建城以来（第一至十卷选段）》，王焕生译，中国政法大学出版社2009年版，第39页。

《荷拉斯杀了他的妹妹》（Horatius Slays his Sister）
［法］路易斯·吉恩·弗朗索瓦·拉格雷尼（Louis-Jean-François Lagrenée）/1750 年—1754 年 / 法国鲁昂美术馆

一个巨大的难题：该如何惩罚刚刚成功捍卫城邦的英雄荷拉斯呢？一方面，这场决斗是为了守卫罗马城邦，荷拉斯刚刚帮助罗马城获得了邻近城邦的统治权，按理应该受到嘉奖。直接处死城邦的民族英雄，肯定会引发民众的不满。而另一方面，按照城邦的法律，荷拉斯在未经审判的情况下杀害了城邦的自由人，必将被判处为"叛逆罪"（perduellio），适用死刑，即"如果某人故意杀死一名自由人，你将是弑亲者"（si qui hominem liberum dolo sciens morti duit, paricidas esto）①。他将被蒙着头，用绳子吊在绞刑架上被鞭打。要是不施以刑罚，会使城邦法律的严肃性受损，同时也会危及自己的权威。

在我们今天看来，似乎更应该是荷拉斯娅被控叛逆罪（或称为敌对行为），因为她对哥哥的诅咒实际上是一种希望未婚夫活着的愿望表达。而如果她的愿望实现的话，那么她的哥哥荷拉斯就必须牺牲，而这也意味着罗马会被阿尔巴隆迦来统治。

因此，王不得不指定了两位审判员对荷拉斯进行审判。两位审判员一致认为荷拉斯的行为不可宽恕，宣判他有罪。当刑罚的执行者正准备将荷拉斯绑起来执行刑罚的时候，荷拉斯主动提出："我要向人民提出申诉（provocatio ad populum），由人民来决定我是应该受到刑罚还是获得赦免。"②其实这是图卢斯·荷提里乌斯的主意，因此他非常爽快地接受了荷拉斯的请求。

这一天，罗马城邦召开民众会议，由人民来决定是否要对荷拉斯执行刑罚。人民广场上群情激昂，一部分人认为，荷拉斯杀害了城邦自由人，应该受到刑罚；另一部分人认为，他为城邦获得的荣耀可以抵消他杀害他妹妹的罪行。这时候，荷拉斯的父亲站了出来。这位曾经的罗马士兵双眼闪着泪光，强忍着内心的悲恸，用几近呜咽的声音为自己的儿子辩护：

> 作为荷拉斯娅的父亲，我为失去自己的女儿感到悲痛。但是作为父亲，我无意对荷拉斯娅的死亡追究任何人的责任。因为，为敌人的死亡而哭泣，是对我们城邦的背叛，也是一种危害国家的犯罪。我为荷拉斯辩护，不仅仅因为他是我的儿子，是我们城

---

① ［意］朱塞佩·格罗索：《罗马法史》，黄风译，中国政法大学出版社1994年版，第128页。
② ［古罗马］提图斯·李维：《自建城以来（第一至十卷选段）》，王焕生译，中国政法大学出版社2009年版，第41页。

银币,背面图案为"向人民申诉"

邦的英雄,更因为他的行为正当合法。如果他不这样做,我也会举起正义之剑,用父权来处死这位背叛者。因此,荷拉斯并没有犯罪,他是在履行一名罗马市民的义务,就像他会一直勇敢守卫自己的城邦一样,这是一种忠诚。他没有犯罪,不应该被判处刑罚。

　　我总共有四个孩子,在短暂的时间里相继失去了三个,我希望大家不要让我再失去荷拉斯,因为他现在是我唯一剩下的孩子。

　　市民们,你们能眼睁睁看着这位前不久代表罗马大获全胜的民族英雄被绑着吊起来鞭打至死吗?即使阿尔巴隆迦人也不忍看到这骇人听闻的一幕啊!如果你们希望罗马人失去自由,那你们就这样去做吧!将他绑在绞刑架上狠狠地抽打他!将这个城邦的自由拯救者绑起来吧!①

　　罗马人民既难以忍受父亲的眼泪,也敬佩荷拉斯面临危险时所表现出来的英勇气概,他们宣布他无罪,主要是出于对他的勇气的钦佩,而不是出于公正。罗马人民接受了老荷拉斯的辩护,只是要求荷拉斯必须以一场隆重的祭祀来获得救赎。

---

① [古罗马]提图斯·李维:《自建城以来(第一至十卷选段)》,王焕生译,中国政法大学出版社 2009 年版,第 41 页。

这就是"向人民申诉"这一制度产生的历史。李维和西塞罗都一致认为这一制度产生于王政时期，原本的意思是：只有人民才可以对死刑案件进行审判。但是也有学者持相反态度，认为这一制度是根据颁布于公元前 509 年的《关于申诉的瓦勒里法》(Lex Valeria de Provocatione)确立的，是一项是为了保护市民不受执法官擅权行为的侵害而形成的刑事诉讼制度，后来分别在公元前 449 年和公元前 300 年被再次确认。我认为这两种观点其实并不冲突，一个制度的产生本身就不可能一蹴而就，这也恰恰印证了一项制度的产生历经了时间的积累，是社会发展的产物。

毫无疑问，在法律的年幼时代，刑罚是最早的法律表现形式，具有教化性和威慑性，但却没有严格意义上的程序法和实体法的区分。特别是在法律文明的积累时期，人们还没有法律的概念和意识，只是不约而同地共同遵守着城邦共同体的生活规则。这些带有宗教色彩的制裁规范，只有在触及共同体的普遍利益时才可以施行。因此，刑罚也仅仅适用于严重影响城邦公共安全的重要侵害行为。人民大众也只有在可能对自己造成损害的行为面前，才可能对犯罪者感到愤怒，只有在对既定规则感到不适时，才开始考虑改变现状。

王，作为传达众神旨意的代言人，作为城邦内一切公共权力和私有权利的裁判官，运用这些共同的规则保护着自己的城邦，实质上也保护着自己的权力。他们并不想破坏已经存在的规则，只是努力去执行。在面临不得已要改变法律的时候，他们才会征求人民集体的同意。因为没有此项同意，则会被认为是暴政行为，不具有法律效力。

在荷拉斯的案件上，聪明的荷提里乌斯显然是倾向于改变法律获得一个不合法但却看上去更为正义的结果。但是他并不想亵渎自己的权威性，因为可能会面临部分人对他执法不严的指责。那时候的他肯定不知道什么叫作"以审判为中心"，实际上即使是在现代西方国家，也很少出现这样的专业术语。但是他明白，判处是否适当，实质上不过是一场民心寡众的较量。将这样一场艰难的审判交给民众，由公众投票决策，既保障了被告人参与和辩护的权利，又稳定了民心，避免威胁到自己权威的严肃性。即使万一结果事与愿违，公众的审判也切实地保障了案件判决的"正义性"，而这种程序上的妥适也维护了自己的声誉和威信。

＜从王政到共和国——暴君塔克文

《塔克文和卢克莱西娅》（Tarquin and Lucretia）
［意］提齐安诺·维伽略（Tiziano Vecellio）/1571 年 / 英国剑桥菲茨威廉博物馆

在罗马人那里,"君主的"这个形容词曾经代表着无法无天、淫乱、傲慢——那时有这样一句话:君主制就是犯罪。

——路德维希·费尔巴哈:《费尔巴哈哲学著作选集》

如果有人问我，在罗马的早期史上，哪个种族对罗马的影响最大，我会毫不犹豫地回答：埃斯特鲁人。纵然得到命运女神的眷顾，罗马坐拥美丽地中海的旖旎风光，饱享高山大海的慷慨赏赐，但是如果没有一群才能卓越、骁勇善战的埃斯特鲁人奠基伟业，怕是很难有后来叱咤风云的伟大帝国。

本章的故事就从埃斯特鲁人讲起。罗马近郊有一座风景秀丽的小镇，叫作塔尔奎尼亚，是古罗马埃斯特鲁人的集聚地。很多慕名而去的游者，都是为了一睹埃斯特鲁人的墓葬艺术。在这座小镇上，有一群埃斯特鲁人的墓穴，里面完好地保存着古埃斯特鲁人的生活场景和壁画，于 2004 年作为典型的墓穴文化艺术被联合国教科文组织（UNESCO）纳入世界文化遗产。

罗马王政时期的王是选举产生的，前四任王或者是罗马人，或者

埃斯特鲁人墓地 / 约公元前 7 世纪 / 塔尔奎尼亚壁画 / 意大利塔尔奎尼亚考古博物馆

是萨宾人。第四任王安库斯·玛尔提乌斯是第二位王驽马·庞皮里乌斯的外孙，仍然是萨宾人。他临终前，却指定了一位叫卢基乌斯的埃斯特鲁人担任自己儿子的监护人。

根据历史学家狄奥尼修斯的记载，卢基乌斯原名叫卢库莫，更名为塔克文是他到达罗马之后的决定。卢基乌斯的父亲是希腊科林斯城的商人，由于战乱才迁移至塔尔奎尼亚。而他本人则因为在塔尔奎尼亚无法实现自己的抱负，才决定移居罗马。据说他在迁徙的途中，被一只突然飞行而来的鹰叼走了帽子，而同时又有另一只帽子掉落在他的头上。懂得占卜之术的妻子欣喜地告诉他，这个征兆预示他将改变身份成为贵族，并且获得至高无上的权力。可能是他向罗马王敬献了巨额财富的缘故，他到达罗马之后，很快便得到了安库斯·玛尔提乌斯的赏识和信赖，也获得了平民和贵族的一致好感。安库斯刚去世，这位埃斯特鲁人就被推选为罗马人的第五位王，从而成为罗马史上第一位埃斯特鲁王。罗马进入了埃斯特鲁人统治的时代。

罗马人非常开明，很快接受了这位埃斯特鲁王。这可能主要有两个原因：一是埃斯特鲁人英勇强壮，能为罗马军队提供优质的兵源。卢基乌斯在登基之后，也确实说服了很多埃斯特鲁人参加罗马军队，并且带领他们打败各个拉丁城邦，为罗马开疆扩土。而且战后，他常常又以最温和、最宽容的方式对待俘虏，还将战利品分给士兵。二是卢基乌斯不仅善武而且能文，注重内政建设，他不仅增加了 100 个元老的席位奖励给那些英勇善战的平民，而且修整广场、修建下水道和大型竞技场，深得民众喜爱。

卢基乌斯的继承人是他的女婿塞尔维乌斯·图利乌斯，显然他也是一位埃斯特鲁王，并且是罗马历史上第一次直接经人民授命而继承王位的王。传说他是塔克文家女奴之子，国王的一位门客使这位女奴怀了身孕。虽然他在仆人中长大，但是从小就擅长表达，很小便显露出过人的智慧。那时候，卢基乌斯自己的孩子还小，因此他非常喜爱图利乌斯，以至于人们以为他是国王的儿子。卢基乌斯非常认真地按希

《老塔克文咨询阿图斯·纳维乌斯》(Tarquin the Elder Consulting Attus Navius)
［意］塞巴斯提亚诺·里奇（Sebastiano Ricci）/1690 年 / 美国洛杉矶保罗·盖蒂博物馆

腊方式教图利乌斯学习他自己曾经学过的各种知识。

卢基乌斯死后，图利乌斯假传卢基乌斯仍然活着只是受伤病倒的消息，然后他身着王饰主持审判，并且用自己的钱替债务人偿还债务并释放债务人，表现出极大的宽容，从而使人民相信他是根据卢基乌斯的命令在进行审判。随后，他没有把自己是否能够继承王位交给元老们讨论，而是在安葬卢基乌斯后直接征询人民对他的意见，在得到人民的任命之后，他通过自己的权力进行了库里亚立法。①

图利乌斯在卢基乌斯的基础上开展了进一步的改革，对罗马的政治体制产生了深刻的影响。他将能服兵役的公民按财产划分为 5 个等级，每个等级提供数目不等的军事百人队，共计 193 个百人队，每个百人队都拥有一个表决权。其中最重要的是开辟性地创建了"古罗马人口普查制度"(census)。当时的普查制度不仅仅是像今天的人口普查，还对贫富程度进行记载并且根据财产多少征税。

可惜的是，公元前 535 年，图利乌斯被自己的女儿女婿谋害。卢修斯·塔克文·苏佩布通过卑劣的手段成为了罗马的第七任王。他是第五任王卢基乌斯（老塔克文）的儿子，绰号"高傲者塔克文"②。这位王不仅瞧不起平民，而且还轻视贵族，他废除了以往的法律和政体，实行个人独裁，按照自己的喜好随意决定国家事务。虽然他继承了父亲的名字，智商和情商却大不一样。他极其具有侵略性，发动了很多战争，侵吞了不少附近的拉丁城镇，而且处事极为残暴，对人民实施暴政。他几乎摧毁了父亲卢基乌斯所有的改革，甚至把自由人赶去做苦力。

在塔克文带兵攻打阿尔德亚的时候，罗马人已经被长期的战争折磨得奄奄一息，城邦繁重的税收也使民众苦不堪言。罗马人极其不满意塔克文的统治，暴动一触即发。

塔克文政权被推翻是一种必然，导火线是他的儿子塞斯图。这位与父亲一样傲慢的公子受父亲之命外出执行任务，在一个无聊的夜晚与堂兄卢基乌斯·塔克文·克拉提诺聊天。为了打发无聊的夜晚，塞斯图提议两人潜回罗马分别看自己的妻子如何打发漫漫长夜。卢基乌

---

① 《关于权力的库里亚约法》是罗马政治习俗中一系列授予王、长官和皇帝谕令权的法律，主要是确认、指定王的权力。该法起源于王政时期，存续于共和时期，保存至帝政时期。
② 下文中的塔克文均指罗马的第七任王卢修斯·塔克文·苏佩布。

斯非常思念自己的妻子，很高兴地接受这一提议。但是临近出发，塞斯图却提出应该交换去了解他们的妻子是否真的忠诚。卢基乌斯满心不悦，因为按照古罗马的规矩，一个人从外地回来，应该先派人通知家人他即将返家。但他也不得不答应了这一要求。

卢基乌斯前往塞斯图家后，他看见这位王媳此刻正躺在美酒佳肴前，被一群男奴围绕着莺歌燕舞。而塞斯图来到卢基乌斯家时，却发现卢基乌斯的妻子卢克莱西娅此时正在家里与自己的女仆一起织着羊毛，弱弱的灯光之下，这位美人显得楚楚动人。心怀不轨的塞斯图悄悄地潜入卢克莱西娅的卧室，准备伺机强暴这位娇艳欲滴的少妇。卢克莱西娅刚进入卧室便发现了这位猥琐的小人，塞斯图却拿出匕首威胁她说，如果你胆敢发出一点声响，我就杀掉一位男奴，让他赤身裸体地躺在你的尸体旁，这样明天早上大家看到你们的时候会认为你们是殉情自杀。在一个声誉比性命更重要的时代，这位女子无奈地被强暴。塞斯图离开之后，卢克莱西娅万念俱灰，显然她无法面对自己所受到的玷污，但却又舍不得自己深爱的丈夫。她派随从捎去口信，让自己的父亲和丈夫赶紧回家，因为家里发生了可怕的事情。他的父亲得知后，立马带着自己的朋友普布里科拉来到了女儿家。

卢克莱西娅向大家愤怒地哭诉了自己所受到的屈辱，并且坚定地表达了自己内心的清白，她说："我不过是身体上遭受了侮辱，心灵是纯洁的，死亡将会见证一切。请你们用右手发誓，将会使塞斯图受到惩罚。"① 随后，她拿出了藏在衣服里的匕首，刺穿了自己的胸膛，用自杀来点燃亲人们的复仇之火。

卢克莱西娅的遗体被她的亲人们抬到罗马广场的公告台上。这无疑瞬间点燃了民众内心的怒火，他们痛骂塞斯图的可耻行为，并且历数他们父子的众多卑劣行径。卢克莱西娅的丈夫以及他的朋友布鲁图，连同卢克莱西娅父亲的朋友普布里科拉一起进军罗马，将塔克文父子

---

① ［古罗马］提图斯·李维：《自建城以来（第一至十卷选段）》，王焕生译，中国政法大学出版社 2009 年版，第 59 页。

《卢克莱西娅》(Lucretia)
[荷]伦勃朗·哈尔曼松·范·莱因(Rembrandt Harmenszoon van Rijn)/1666 年 / 美国明尼阿波利斯艺术学院

《布鲁图的誓言》(The Oath of Bruto)
[法]杰克斯-安托万·蒲福（Jacques-Antoine Beaufort）/1771 年／美国洛杉矶郡艺术博物馆

驱逐回了埃斯特鲁，并且禁止他们再回到罗马。

实质上，即使没有塞斯图的强暴行为，塔克文也将为自己的傲慢付出代价。他破坏罗马的法律，实施专制统治，剥夺元老院的职权，种种迹象已经预示着他的垮台。无论如何，罗马人因此而获得了独立，不再受制于埃斯特鲁人。塔克文在位 25 年，罗马建城 244 年以后，罗马王政时代至此结束，不再有王的存在。

卢克莱西娅父亲的朋友普布里科拉是进军罗马的军队的首领。由于他的名字有"人民之友"的意思，所以常常被历史学家们认为这段历史是杜撰的。但是在 1977 年的时候，发现了一块萨特库姆之石，

萨特库姆之石（The stone of Satricum）
于 1977 年发现于意大利博尔戈·蒙特罗（Borgo Montello）附近的古罗马废墟

上面用古老的拉丁文写着"普布里科拉的随从"（sodales di Valerio publicola）。

这块碑文文献证明，此人在历史上不仅真实地存在，而且有自己的随从，有自己的政治团体在政治上支持他，就像一个古老的政党一样。共和国建城之后，普布里科拉很快就被选为执政官（非第一任），为了增加人民的自由权，他向人民提议并颁布了如下法律：

> 第一条，重新恢复被独裁者塔克文废除的"向人民申诉"制度，规定任何执政官都不得在没有向人民申诉的情况下判处他人死刑，同时被执政官判决的罪犯可以向人民提出申诉。
> 第二条，任何人未经人民的同意而擅自行使职权，应予处死。

最重要的一条法律是，罗马任何有野心要成为"王"的人，都会受到神诛。罗马市民可以不经审判合法地取他性命。这一条后来成为若干年后元老院暗杀恺撒的"合法理由"，也是罗马历史上不再有王的原因。罗马帝国时期，元首被称为"第一公民"或是"君主"，而不是王。

这场起义不仅是对王政的颠覆，同时也是埃斯特鲁人在罗马统治的倒台。很多人认为这开创了一个新的历史时期，因为政治体制发生了改变。确实，对王的厌恶之情使得城邦的首领不再是一人统治，并导致执政官（consules）的产生。执政官字面的意思是"同僚""共同协议者"，只有军事权和行政权，而且其决定必须经人民会议表决通过。

但是专制与共和的区别仅限于统治形态的改变吗？我认为，罗马实质上的共和要来到得更晚一些。

罗马的第一任王产生于自然，当一个人在所有的同伴中，竭尽所能地为共同体的建设献计出力，义不容辞地站在面对天灾危险的最前方，首当其冲地带领部落的民众面对敌人和野兽的攻击，他很自然就会获得人民的敬爱，并且被视为神派之子，被选为领袖，比如罗慕洛斯。彼时的王，掌管着军事权、审判权和宗教权等几乎一切权力。

但是一个人如果做出相反之事，就会遭遇非议和蔑视，正如塔克文。随着功绩的累加，王的权力不断扩大，地位日益提高，王权逐渐具有国家权力的性质。他们开始在外观上体现自己的权威性——头戴金冠，身着紫袍，手持鹰头权杖，坐在象牙圈椅上，还有12个随身携带棍棒加斧子的随从。然而，一旦王将权力凌驾于元老院和民众大会之上，奢望至高无上的治权或是企图以自己的意愿统治城邦，那么矛盾就会出现。

或许，塔克文的专断暴虐只是导火索，日益增长的王权和贵族平民之间的矛盾才是王政坍塌的真实原因。因为无论在何种政治体制之下，只有子民自愿接受的统治才是稳定的。但这种自愿必须是理性的而非因恐惧或者暴力。即使人们愿意选举领袖的后代，也是因为民众相信出自那些领导者或由他们教育和抚养的人，将会与先人们一样优秀，而不是因为他们理所应当地拥有继承权。

按照西塞罗在《论共和国 论法律》中的描述："共和国属于人民大众所有。不是以任意的方式而聚集形成的人的集合均是人民共同体，人民共同体是一个不仅居于共同的利益需要，而且首先居于共同的法律认识而联合形成的人的共同体。"① 所以，塔克文被驱逐并不是一场革命，只不过是从一种政治体制到另一种政治体制的过渡。而这种历史更迭是极为正常的。因为在我看来，国体的构成只不过是王、元老院和市民大会换成了执政官、元老院和市民大会而已。元老院仍然是贵族的堡垒，名义上是咨询机构，实际上是决策机关，处于权力的中心地位。而市民大会才是国之根本所在。虽然从此后罗马将以法律取代个人治理，由一年一度选出的执政官来治理，但是贵族把持的执政官和元老院显然为后面愈演愈烈的平民与贵族之间的矛盾埋下了无穷隐患。

无论如何都不可否认的是，埃斯特鲁人将自己的骁勇善战植入了罗马人的血液，而他们的多才多艺也为罗马的建设和工商业的发展提供了技术和经济支持。我甚至怀疑希腊人的艺术天赋是通过他们被带到了罗马。

---

① ［古罗马］西塞罗：《论共和国 论法律》，王焕生译，中国政法大学出版社1997年版，第39页。

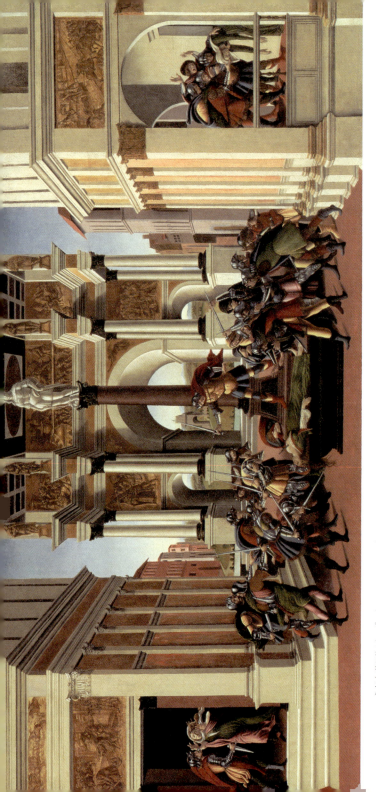

《卢克莱西娅之死》(Tod der Lucretia)
[意]桑德罗·波提切利(Sandro Botticelli) / 约公元1500年 / 美国波士顿伊莎贝拉嘉纳艺术博物馆

Ⅵ 布鲁图的正义审判

——王子犯法与庶民同罚

《布鲁图的誓言》(The Oath of Bruto)
[法]亨利·平塔(Henri Pinta)/1884年/法国巴黎国立高等美术学院

> 我们制定法律,那么所有的人便会遵行同样的法律,而不会是同一些人在不同的时间里遵行不同的法律。
>
> ——西塞罗:《论共和国 论法律》

公元前509年暴君塔克文被驱逐之后，罗马进入了共和政体时期。这场推翻王政的革命领导者布鲁图，与卢克莱西娅的丈夫卢基乌斯·塔克文·克拉提诺一起成为罗马共和国的第一任执政官。据说古代的罗马人还为布鲁图在卡比多利奥的神殿中树立了一尊铜像，手里拿着一把剑，盛气凌人地站在那些国王的画像中间，让罗马人民永远记得他摧毁君主政体带给人民自由的功勋，他被誉为"共和体制的缔造者"和"罗马共和国之父"。本章故事的主人公就是这位布鲁图。

实际上，布鲁图是最后一任王、暴君塔克文的亲外甥，只不过他们甥舅之间有着不为外人所知的血海深仇。当初塔克文在夺得王位以后，担心家族内的其他人谋权篡位，派人杀死了在民众中拥有较好口碑的布鲁图的哥哥。布鲁图听从母亲的建议，佯装成傻子而逃过了塔克文的毒害。其实，意大利语中的布鲁图对应的是拉丁语中的brutus，就是傻子的意思，可能这也是他得此名字的真正原因吧。直到今天，罗马人遇到智商低下的对话者，都会不耐烦地反问一句："难道你的名字叫布鲁图吗？"

事实上这位布鲁图非常聪明。在他还是一位意气风发的少年时，有一次他陪伴塔克文的儿子们前去咨询德尔斐神谕[①]，请求神指示谁将是罗马的下一任王。神谕是："你们回去之后谁第一个亲吻到'母亲'，谁便会成为下一任王。"回到罗马境内，两位王子都争先恐后地赶回去亲吻自己的母亲，而布鲁图却庄重地趴在土地上亲吻了泥土，因为他将神谕中的母亲解释为所有人的母亲——大地。（Liv.1.56）

[①] 古希腊最著名的神谕是德尔斐神谕，德尔斐神庙是希腊神话中世界的中心。希腊地区及希腊地区之外的人都会来此地朝圣和请示神谕。

《布鲁图亲吻大地》（Brutus Embrasse la Terre）
［意］塞巴斯提亚诺·里奇（Sebastiano Ricci）/ 1700 年 / 意大利国家美术馆

　　布鲁图担任执政官以后，为了防止权力滥用，将罗马共和国时期执政官的执政年限定为一年。布鲁图刚一上任，就让罗马人发誓，以后不会被君王们的请求和赠礼所感动，不会容忍任何人在罗马称王统治，因为谁都不得侵犯罗马市民的自由。另外，由于在塔克文的暴政之下，许多元老都被无辜随意地杀害，所有的法律都被焚烧和毁灭，布鲁图为了使元老院恢复正常，在跟随他推翻王政的骑士中遴选出一些杰出人才补充为新进元老，将元老人数增加到 300。李维评价说："这一措施对于促进国家和睦与增进平民与元老们的心灵联系产生了惊人的

作用。"（Liv.2.1.10）[1]

然而，襁褓中的"自由理念"实质上处于一种极其不稳定的状态，罗马城内的老贵族并不满意布鲁图这种新贵族分羹、平民摆脱奴役的施政方针。特别是那群与塔克文的儿子年纪差不多大小，一直生活在锦衣玉食中的公子哥们，虽然政治体制的改革并未让他们的财产有实质性的减少，但是在王政时期他们能更加自在地满足自己的欲望，他们已经习惯了"君王喜好之事即为法律"的状态。

恰恰这时候，塔克文的使者给布鲁图带来了被驱逐者的消息：塔克文宣布愿意放下武器让出王位，唯一的要求是归还他本人以及朋友的财产，用以维持他的流放生活。毫无疑问，布鲁图拒绝了塔克文的要求，并且劝告罗马人民不要忘记塔克文的暴政带给他们的灾难，卢克莱西娅还尸骨未寒，一定要为了享有自由的权利而奋战到底。但是，以阿奎利安和维特里安为首的两个家族的部分人已经被这位使者收买，开始密谋组织保守势力谋反。布鲁图的两个儿子提图和提贝留，由于与维特里安的亲戚关系也卷入其中，年少轻狂的他们认为这样会让他们将来获得比父亲更多的财富。

谋反行动前的最后一次商议在阿奎利安家里举行。为了保证他们每个人都会在这场谋反中忠诚可靠，在场的每一个人都向这位使者递交了投诚信，请求他转交给塔克文。阿奎利安家里一位叫温狄克尤斯的奴隶听到了他们密谋的全部内容，因为他在察觉到这些人异常的行动之后，就躲在柜子里偷听他们的全部谈话。商议刚刚结束，温狄克尤斯就偷跑出来向普布里科拉揭发了这场阴谋。普布里科拉立即派人去阿奎利安家里逮捕了使者，并且收缴了那些谋反分子的信件交给了布鲁图。

有一点需要交代的是，据说这位布鲁图脾气不怎么好，性格严苛而且刚愎。他嫉恶如仇，决绝地表示一定要与塔克文有关的一切标志

---

[1] ［古罗马］提图斯·李维：《自建城以来（第一至十卷选段）》，王焕生译，中国政法大学出版社 2009 年版，第 67 页。

和事务撇开关系，甚至后来他的同僚的姓名中有"塔克文"也让他无法忍受，被他劝说辞职。不过，他的这种名声更有可能是在这场对他儿子们的正义审判之后才流传开来的。

共和国早期的执政官承担着军事、司法等一切主要的公共职能。很快就到了布鲁图在法庭审判谋反狂徒的日子。他仔细阅读了收缴来的那些图谋者的信件，却发现了他两位儿子的信件，因为或是从其封印或是从其字迹上都可以准确无误地判断出信件的作者是谁。布鲁图立刻命令一位元老当众大声朗读这两封信件，以便于所有在场的人都能听见。随后，他质问提图和提贝留是否有什么需要辩驳的。面对目光中透着杀气的严厉的父亲，提图和提贝留不敢否认自己所做的一切，只好以哭泣来乞求父亲的怜悯和宽恕。他们的母亲在一旁悲伤得几乎快要晕厥，布鲁图身边的克拉提诺也流下了伤心的眼泪。

布鲁图在短暂的停顿之后，突然从执政官的座椅上站了起来，他示意让在场所有的人都安静下来聆听他的宣判。虽然在场的人都不太敢相信自己的耳朵，但是他们还是听到布鲁图义正辞严地宣判了提图和提贝留死刑。很多人都反对这样的判决，倒不是出于对这两位谋反者的惋惜，而是他们认为像布鲁图这样的正直之人不应该承受儿子被判处死刑的扼腕之痛，他们想帮助这位父亲挽救他的孩子们的生命，或许能以流放来代替死刑。

这时候，提图和提贝留开始呼唤父亲那些令人尊敬的头衔，哽咽着哀求父亲饶恕他们的财迷心窍，广场上的人群中开始有人抱怨布鲁图太不近人情。布鲁图完全不将这些可能动摇他决定的抗议放在眼里，呵斥刀斧手将这两个狂妄的年轻人赶紧带到广场上执行刑罚。这让在场的所有人都感到非常吃惊，不过更让人觉得残酷的是他之后的举动。

刑罚执行之前，有人提出请求，希望将布鲁图的两个儿子带到一个隐秘的地方行刑，以避免执政官亲眼目睹这惨不忍睹的一幕。但是布鲁图拒绝了，他没有作出任何让步，执意全程在广场的最高处观看

《布鲁图判处儿子死刑》（Bruto Sentences his Sons to Death）
［德］海因里希·富热（Heinrich Füger）／1799年／德国斯图加特国家美术馆

《军士们运送布鲁图儿子的尸体》（The lictors bring Bruto the bodies of his sons）
［法］雅克－路易·大卫（Jacques-Louis David）／1789年／法国卢浮宫博物馆

这幅画的创作期间正处于法国大革命时期，描述的是布鲁图执行了两个儿子的死刑之后回到自己家中的场景，他的妻子和女儿悲痛万分，他却背对儿子的尸体，显然内心也充满了难以言喻的悲伤。他手中的纸张应该是儿子们参与谋反的书信。

这场残酷的处决。而且，他严格地按照法律的规定和以往的习俗，一丝不苟地执行了死刑的每一个细节。

就像其他被判处死刑的罪犯一样，提图和提贝留在众目睽睽之下被剥去衣服，双手被反绑接受鞭笞之后，被刀斧手砍下脑袋。布鲁图连脸都没有转过去，视线始终没有离开自己的两个儿子。在场的市民都为这惨不忍睹的一幕感到痛惜。但是让人不可思议的是，布鲁图作为父亲，他的眼睛里甚至没有流出一滴眼泪，脸部连悲伤的抽动都没有，他既没有抱怨自己儿子的命运也没有为自己家庭的不幸感到悲伤。他的意志是如此坚强，没有流露出一丝的脆弱和动摇，他严肃的表情一直坚持到死刑执行结束。那炯炯有神的目光中反而透出更加强烈的严厉和坚定，似乎他处死的不是自己血脉相连的亲生儿子，而是臭名昭著的王政体制。

执行完这场刑罚之后，为了奖励成功地帮助襁褓中的共和国逃过一劫的揭发者，布鲁图公开奖励了那位叫作温狄克尤斯的奴隶，不仅赏赐给他大量的金钱，而且还赐予他自由和市民权。按照普鲁塔克的说法，他是第一个被裁判官以权杖触碰的方式而获得自由的奴隶，所以这种"执杖解放"奴隶的方式后来就叫作"温狄克尤斯"，是最古老的解放奴隶的方式。后来发展成为一种拟诉弃权解放奴隶的方式，即主人和自己信赖的朋友假装在执法官面前进行诉讼，双方拿一根木棍假装进行争斗，由这位作为原告的朋友宣称奴隶为自由人，奴隶主人不进行反驳表示默认，然后由执法官宣布奴隶为自由人，从而完成解放奴隶的全部程序。

这是西方世界的一场关于"王子犯法与庶民同罚"的正义审判，审判者是共和国第一任执政官。虽然维吉尔认为布鲁图这样做是因为求得美誉的强烈欲望占了上风，但是他也不否认布鲁图是为了美好的自由和其强烈的爱国之心。虽然这可能显得非常残酷同时也不可思议，甚至有违人性，但是狄奥尼修斯却评论布鲁图的这种行为是一种真正的贵族行为。无论如何，罗马人为布鲁图刚正不阿的行为感到无比的骄傲和自豪。因为，罗马从此成为以法律取代个人治理的国家。

VII 使城邦建立在法律之上——《十二表法》

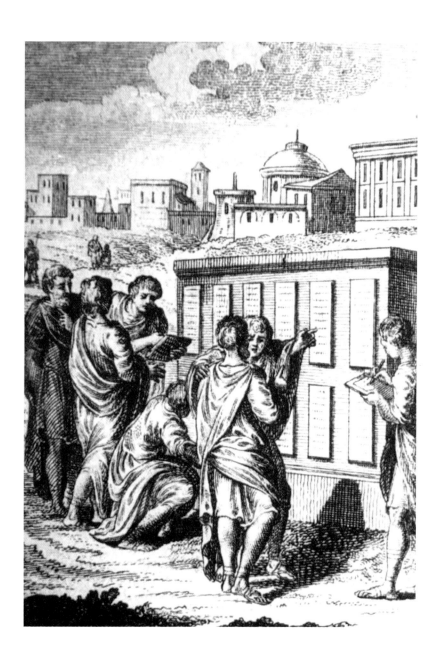

法律充耳不闻且不讲情面,更有利于弱者而不是强者。

——提图斯·李维:《自建城以来》

提起《十二表法》，即使是完全不懂法律的人也不会感到陌生，因为在中学历史课本中都会提到，这是西方最古老的成文法典，颁布于公元前 450 年到公元前 449 年之间。相较于中国历史上最早且可信的成文法——公元前 536 年铸于青铜鼎上的《刑书》，《十二表法》晚了将近九十年。不过，这部法典的颁布在罗马法律史甚至整个西方法律史上都是具有奠基意义的里程碑事件。

似乎从第六任王图利乌斯改革开始，平民与贵族阶级的斗争就初现端倪，只不过随后在推翻埃斯特鲁人暴政的斗争中，两个阶级短暂地团结在了一起。罗马人天生好战，在共和国成立之后最初的一百多年里，罗马一直征战不息。战斗天赋异禀的罗马人在战争中占领了不少田地，掠夺了大量的财富，罗马市民的人口也大幅度地增加。但是，经济和贸易的发展从另一方面也导致了平民与贵族的加速分化和旧秩序的迅速崩塌。到公元前 5 世纪初期，贵族与平民的斗争进入第一个白热化阶段。

贵族与平民之间的第一次斗争发生在公元前 495 年，焦点是残酷的债务法。当时的罗马正处于与沃尔斯奇人、埃魁人和萨宾人的焦灼战争中，平民为了反对严苛的债务法，拒绝履行兵役义务。无奈之下，当时的执政官下令暂停债务法的施行并释放因债务入狱的人，并且答应改善债务人的处境。然而战争获得胜利后，他却背信弃义地将这些债务人重新送回了牢狱。次年战争又起，再次征兵之时，平民先是拒绝援战，但是在选举出对平民具有同情心的瓦勒留作为独裁官后，他们还是再次参战并且帮助军队取得了胜利。不过当瓦勒留向元老院提出改革债务法提案时，却遭到坚决的抵制。这时，军队中的平民自发组织起来，以和平撤离到阿文庭山的方式提出抗议，因为雷穆斯就曾经表示要在这里建立一座新城。显然，平民要在罗马这块最肥沃的土地上创立一座新的平民之城的决心使罗马城内的贵族们陷入了恐慌，因为平民的撤离就好比抽离了这座以军事和农业为主的城市的脊柱，罗马城瞬间便要崩塌。毫无悬念，平民在这场斗争中取得了胜利。公元前 493 年，元老院通过神圣约法，设立了护民官。

贵族与平民之间的第二次斗争的焦点便是成文法的制定。长久以来，由于没有成文法律，平民也无从知悉具体的法律知识，贵族阶层一直恣意妄为且随心所欲地"适用"着他们所垄断的法律。公元前 462 年，护民官特伦提留斯·阿拉斯提议，应设立五人起草委员会来制定法律并公之于众，以约束执政官的治权，防止贵族们滥用法律。他认为，正是贵族派阻碍了将规范制定成文的进程，因为他们不愿意受到法律的限制。这一提议遭到了元老们的激烈反对，尚未形成气候的平民此时在斗争中处于劣势，该平民计划流产了。

接下来的几年里，护民官反复提出这一提案，并且后来逐渐成为

《平民的撤离》（The Secession of the People to the Mons Sacer）
［意］巴罗奇尼（B. Barloccini）/1849 年 / 德国柏林布里奇曼艺术图书馆

平民与贵族、执政官与护民官冲突的斗争焦点。按照狄奥尼修斯的描述，这是一次"祈求根据法律来进行统治"与"希望根据先辈的传统继续下去"之间的选择与冲突。公元前454年，护民官再次提议"停止两阶层之间的斗争，建立由贵族和平民共同组成的立法委员会，颁布对双方皆有益并且使双方拥有平等自由权的法律规范"（Liv.3.31.7.）[①]。

随着平民阶层的逐渐强大与护民官人数的增多，平民在两个阶层的抗争中不断强大起来。迫于压力，贵族阶层不得不作出妥协，与平民达成了如下协议：贵族接受制定成文法且公布出来，但是成文法由他们来制定。公元前452年，以协调派为首的贵族阶层派遣一个特使团前往希腊学习先进的成文法经验，特别是著名的《梭伦法典》，试图就此调停该冲突。

一年后，特使团返回罗马，护民官再次提出起草法典的要求，并且选出10个人组成"十人立法委员会"，以制定成文法典。这是一种特殊的政治形态，在法律史上绝无仅有。"十人立法委员会"负责制定法律，同时对人民拥有绝对的权力，其决定不容申诉。他们拥有执政官的治权，正常的宪制、护民官及执法官的任命也暂时中止，所有的地方官员和政治职务也都停职。"十人立法委员会"俨然担任起临时"独裁官"[②]的职务。提图斯·李维形容道："城邦宪制再次发生变化，就像从前治权从王手中转移到执政官手中一样，现在这一权利从执政官手中转移到'十人立法委员会'手中。"[③]遗憾的是，虽然平民阶层被宣布可以当选这一职务，但是第一任立法委员会仅仅由贵族阶层组成，而且平民的对立派阿庇·克劳迪掌握了该立法委员会的领导权。

[①] ［古罗马］提图斯·李维：《自建城以来（第一至十卷选段）》，王焕生译，中国政法大学出版社2009年版，第113页。
[②] 独裁官是指在特别危急的形势下，执政官任命的行使最高军事指挥权的官员，并对其他权力也具有垄断性。
[③] ［意］朱塞佩·格罗索：《罗马法史》，黄风译，中国政法大学出版社1994年版，第77页。

第一年，"十人立法委员会"公正地管理着共和国，在一年之内就起草好了十表法律。该法律的目标非常清晰："'十人立法委员会'的愿望是制定对所有的人，不分高低贵贱都平等的法律。"（Liv.3.34.3）实质上，这也是平民内心深处最迫切的希望，他们迫切地希望与旧的政治体制彻底决裂，期盼编纂有益于所有市民的法律并且法律对每个人都是公平的。"十人立法委员会"将制定好的法律在广场上公布听取意见，并在修改后提交百人团民众会议表决，最后被雕刻在10块木板上树立于罗马中心广场公之于众。

但是，由于这些法律被认为并不完善，公元前450年又选举出了第二个"十人立法委员会"，原来的委员会成员只保留了主席阿庇·克劳迪。新的委员会起草制定了另外两表法律。虽然领导权还是掌握在以强硬著称的克劳迪为首的贵族手中，但是这一次的"十人立法委员会"增加了少数平民。新增的两表法律也很快得到了民众会议的通过。

这就是西方法律史上第一部成文法典产生的过程。作为最初期的法典编纂，《十二表法》只是简单地将之前已经存在的法律和从希腊借鉴的优秀经验进行筛选和整理，并没有太多的创造性，否则也不可能在短暂的两年内就成为"一切公法与私法的渊源"[①]。

从内容上来说，这部法典仍然保留着远古社会习惯法的残存，具有古代法典的残暴性格和封建特征。例如，《十二表法》保留了之前严苛的债务制度：

> 此时如债务人仍不清偿，又无人为其担保，则债权人得将其押至家中拘留，系以皮带或脚镣。（Tab.3.3）
> 在第三次牵债务人至广场后，如仍无人代为清偿或保证，债权人得将债务人卖于台伯河外的国家或杀死之。（Tab.3.6）

[①] ［意］朱塞佩·格罗索：《罗马法史》，黄风译，中国政法大学出版社1994年版，第76页。

《颁布十二表法》（La Pubblicazione Della Legge Delle Dodici Tavole）
［意］切萨雷·马卡里（Cesare Maccari）/1891 年 / 壁画 / 意大利最高法院大礼堂

> 如债权人有数人时，得分割债务人的肢体进行分配，纵未按债额比例切块，亦不以为罪。（Tab.3.7）

同时，原始社会的同态复仇也被纳入其中，如：毁伤他人肢体而不能和解的，他人亦得依同态复仇而"毁伤其形体"。（Tab.8.2）但是，也允许以财产刑逐步替代身体刑，例如，折断自由人一骨的，处300阿斯的罚金；如被害人为奴隶，处150阿斯的罚金；对人施行其他暴力行为的，处25阿斯的罚金。（Tab.8.3-4）另外，《十二表法》开始以公权力限制长久以来在家庭内部至高无上权力的"家父权"。例如：家子终生在家长权的支配下。家长可监管、殴打、使作苦役，甚至出卖或杀死；纵使子孙担任了国家高级公职的亦同。家长如三次出卖其子的，该子即脱离家长权而获得解放。（Tab.4.2-3）[①]

较之《梭伦法典》，《十二表法》还制定了一些更人道和近代化的规定：如在第十表规定了"下葬"的相关法律规范，例如：不得在市区内埋葬或焚化尸体。（Tab.10.1）非经所有人同意，不得在离其房屋60尺以内进行火葬或挖造坟墓。（Tab.10.10）意大利现行法中也有同样主题的单行法规定，可谓由来已久。

其中最有意思的一条规定应该是关于对现行盗窃和非现行盗窃的惩罚。例如，正式搜查赃物时，搜查人应赤身裸体，仅以亚麻布围腰，双手捧一盘。凡以正式方式搜出赃物的，以现行盗窃罪论处。（Tab.8.15）对非现行盗窃提起的诉讼，仅得处盗窃者两倍于赃物的罚金。（Tab.8.16）

在现代刑事诉讼制度下，是否成为现行犯取决于发现犯罪的方式。但是《十二表法》似乎更注重对法律效果的维护。因为按照其规定，不仅仅是正在实施犯罪时被发现，即使在犯罪后依一定的形式被发现的犯罪，也可以被认定为现行犯。搜查人只以亚麻布围腰搜查，可能更多的原因还是表明自己的清白和对罪犯的确信指认。

---

① 《十二表法》所有条文翻译参见《〈十二表法〉新译本》，徐国栋、阿尔多·贝特鲁奇、纪蔚民译，载《河北法学》2005年第11期，第2页。Tab.3.3指《十二表法》第3表第3条，Tab.8.3-4指《十二表法》第8表第3、4条。

《维吉尼亚的故事》（The Story of Virginia）
［意］桑德罗·波提切利（Sandro Botticelli）/1496 年—1504 年 / 意大利贝尔加莫卡拉拉美术学院

不过《十二表法》颁布之后，很快就发生了另外一件大事，从而导致了一场政治革命。

公元前 449 年，权力欲望不断膨胀的"十人立法委员会"并不打算交卸政权，反而意图专制，不仅增加了插有斧头的束棒，而且对民众采取暴力。导火索是著名的维吉尼亚贞女事件。"十人立法委员会"首领克劳迪声称自己将成为"十人王"，逐渐显露出他凶残暴虐的本性，并且暴露出试图推翻共和国、以王权统治取而代之的野心。不过这时候，他迷恋上了一位叫作维吉尼亚的女子，企图对其施暴。维吉尼亚是百人团团长卢基乌斯·维尔吉尼乌斯的女儿，已经与深受平民爱戴、曾经担任过护民官的卢基乌斯·伊基利乌斯订婚。在用馈赠和允诺诱

《维吉尼亚之死》（La Morte di Virginia）
［意］温琴佐·卡马卡尼（Vincenzo Camuccini）/1804 年 / 意大利那不勒斯卡波迪蒙特博物馆

惑维吉尼亚没有达到目的之后，克劳迪趁其父亲和未婚夫外出战斗期间，唆使自己的门客马尔库斯四处宣扬维吉尼亚是自己的女奴的后代，并且在少女出现在广场的时候企图强行将其带走。维吉尼亚无助的哭喊声使广场上的人们聚集起来，认识或是听说过维吉尼亚的父亲和未婚夫的人更是自发站出来保护这位少女。

　　克劳迪的门客马尔库斯只好将维吉尼亚带到法庭前请求审判，主持审判的恰恰是早有预谋的克劳迪。克劳迪以其执法官的身份宣布该女子应该归马尔库斯所有，维吉尼亚的父亲得知此事之后立即赶回罗马，为了使维吉尼亚免受侮辱，掏出了身上的匕首刺向女儿的胸膛。老泪纵横的维尔吉尼乌斯悲恸地对女儿说道："只有这样，才能给你自由。"

该事件迅速在罗马这个七丘之国中传播开来，群情激愤，并且传到了前方战场的平民战士耳中。为了抗议贵族的野蛮行为，平民战士们纷纷放下武器，撤离至蒙特萨科罗山（Monte Sacro，即圣山）附近。贵族们陪同克劳迪来到人民的面前，维尔吉尼乌斯要求将他关进监狱。克劳迪开始喊叫着向人民申诉，但是维尔吉尼乌斯拒绝了他的请求，并且说："你还想把你曾经侵害过的人民当作保护人吗？你不配享有这种你曾经破坏过的申诉权！"克劳迪反驳说："你们不能破坏这种因为我们的坚持而在罗马得以重新适用的申诉权！"不过克劳迪的要求并没有被满足，他最后不堪这种不名誉，在接受审判的前一晚自杀了。

平民在克劳迪死后推翻了"十人立法委员会"，罗马重新回至宪制时期，并且规定从此以后任何法官在不经过向人民申诉程序就不能处死罗马公民。公元前449年，瓦勒里和奥拉兹被任命为新的执政官，并且任命了新的护民官。他们将后增的两表法律连同前面的十表一起，雕刻在木板上公布于罗马广场，这是罗马立法史上的里程碑，也是优士丁尼时代以前，古罗马国家整个发展进程中唯一一次大规模的立法。

罗马人对《十二表法》的赞美是不言而喻的，为此骄傲不已。李维认为该法是"一切公私法的渊源"。西塞罗曾说："它的实用性和权威性胜于一切哲学家的图书馆。"哲学家法沃尼诺则声称："我读它比读柏拉图的《法律篇》的兴致还要高。"正如《学说汇纂》中所言："起源总是所有事物最重要的部分。（Principiu potissima pars）"① 而《十二表法》就被认为是罗马法的起源。

法律在城邦发展的决定性时刻，代表着基础和构成。法律被书写并公之于众，意味着所有的法律能被所有人（包括各个阶层）知晓，稳定且确定。因为这意味着无论是法律规范本身，还是在法律实施的

---

① [古罗马] 优士丁尼：《学说汇纂（第一卷）：正义与法·人的身份与物的划分·执法官》，罗智敏译，中国政法大学出版社2008年版，第19页。

过程中，都可以排除专断。

李维在他的著作《自建城以来》中对法律进行了最高的评价："法律充耳不闻且不讲情面，更有利于弱者而不是强者。"（Liv. 2.3.4）[①] 法律充耳不闻，因此公正无偏。正是因为这样，才更加有利于弱者而不是强者。

法律在这场政治变革的过程中，不仅改变了平民和贵族之间在法律平等性上的根本差异，而且使其政体发生重要变化。因此，也可以说《十二表法》的颁布意味着罗马城邦的再建立。

直至今日，索福克勒斯的《安提戈涅》仍然在世界各个剧场上演，这个故事被讨论了二千五百多年。女子安提戈涅的哥哥波吕尼刻斯发动了对自己城邦忒拜的战争，战败而死。而忒拜的法律规定叛国者不得安葬。安提戈涅违背了忒拜国王克瑞翁的意愿，埋葬了自己哥哥的尸体。在接受审判时，她援引了一则不成文法，据此亲人应该为共同生活的人下葬。安提戈涅安葬了自己的哥哥这一行为违反了法律，她被施以死刑。安提戈涅认为，人的法令（即法律，nomos）不能不遵守自然法（即神法）。相反，克瑞翁的禁令仅仅是立法者所表达的一种意愿，不能凌驾于最高法律的原则之上。

面对这个悲剧，我们是否能够联想到，这个故事的背后实际上隐藏着成文法与贵族滥用权力的争锋，暗示了市民平等意识的核心源起？成文法的产生，是一场艰苦而伟大的征服，在此过程中当然无法避免保守主义者的激烈抵触。虽然，我们不禁同情、喜欢甚至钦佩安提戈涅，但是每一个决定配置法律的民族，实际上却是克瑞翁的后裔。法律使社会更加公平，哪怕其中或多或少地存在不公平的条款。

[①] ［古罗马］提图斯·李维：《自建城以来（第一至十卷选段）》，王焕生译，中国政法大学出版社2009年版，第67页。

VIII 禁止非法结社
——《关于酒神节的元老院决议》

《颓废时期的罗马人》(Romans During the Decadence)/[意]托马斯·库蒂尔(Thomas Couture)/1847年/法国巴黎奥赛博物馆藏

会员是指加入同一个社团者。法律授权他们缔结他们愿意的任何协议，只要他们不违反公法。该规定似乎取自梭伦立法——如果某个城区或地方的居民为了祭祀、饮宴的目的或为了他们将来的墓葬而组织在一起，又或他们是同一团体的会员或为了从事某些事业或为了追求利润而组织在一起，他们相互之间缔结的任何协议，只要公法不禁止，都将有效。

——盖尤斯：《〈十二表法〉评注》

在古希腊罗马的无数神话故事中,最受欢迎的当属酒神狄俄尼索斯。鲁本斯、普桑等人纷纷以此为题材作画,米开朗琪罗和托尔瓦尔德森也为其制作了雕像,还有著名的歌舞剧《酒神的庆典》。黑格尔在《精神现象学》中甚至把酒神崇拜定义为艺术发展的一个阶段,尼采则更是在《悲剧的诞生》中发展出了"酒神精神"的哲学理论,其实质是放纵自我、解除个体化的束缚从而回归原始自然。

这位神在希腊神话中叫狄俄尼索斯,是宙斯和忒拜公主塞墨勒的儿子。塞墨勒的意思是"大地"的意思,据说她是因为受天后赫拉设计,缠着宙斯展示威严本相,结果反而被宙斯的霹雳击毙。宙斯在塞墨勒

狄俄尼索斯(Dionysus)
[古希腊] 菲狄亚斯(Phidias)/ 公元前 447 年—公元前 433 年 / 雕塑 / 英国伦敦大英博物馆

临死之前取出她腹中的胎儿，缝在自己的大腿里待他长大，等到他从宙斯的大腿里跳出来的时候才得以重生，因此宙斯为他取名"狄俄尼索斯"，也就是出生了两次的意思。

　　传说这位酒神的头上缠绕着葡萄叶或者常青藤，坐骑是狮子、老虎、花豹、山猫或者是它们拉的车。他的性情如同酒一样让人捉摸不定，理智的时候，他欢乐、愉快，增进友情促进社交，是人性自由的化身；冲动的时候，却残忍、野蛮，到处惹是生非，让人不得安宁。他掌握着酿造葡萄酒的本领，并且像丰收神一样保护着大地上的种植业。由于狄俄尼索斯是葡萄酿酒的保护神，因此人们常常举行欢乐的祭祀典礼来纪念他。古希腊人每年三月举行酒神祭祀礼仪，并且在宴席上把酒言欢、翩翩起舞，而那些关于酒神传说的表演，就成了希腊戏剧的起源。后来，这种活动慢慢演变成一种突破习俗禁忌的秘密祭典。

　　酒神被引进罗马之后，名字变成了巴克斯，而且通常被画家们描绘成英俊娇嫩的美少年。据说是一位希腊的男巫首先把酒神节这种狂欢秘祭带到了埃斯特鲁，最初的时候也只能秘密地进行，而且只允许女性参加，后来才发展到男性也被允许参加。这种活动一传到罗马，立刻获得罗马人的钟爱，似乎这种秘密的夜间祭祀礼仪、把酒狂欢后的纵情宣泄，使那些白日里恪守城邦规范、尊重阶级礼仪的男男女女能够在饮酒作乐后的醉眼迷离间充分感受到人类的自由本性，又或许能够让他们在当时内忧外患的社会环境中感受到释放自我的慰藉：穷人觉得自己瞬间变得富有，奴隶获得了自由身份，而弱者也变得非常强大。

　　但是随着这种节庆聚会的过度狂热化，宗教祭祀逐渐演变成参与聚会之人纵情狂欢、放浪叛逆的面具，对宗教的神圣信仰因此而变得污浊淫秽。集会之时，整座城在夜里都充斥着锣鼓声和喧叫声，集会之地藏污纳垢；男男女女淫乱通奸、制造伪证、更改遗嘱甚至毒害谋杀家人等。这种集会都是在夜间偏僻的地方举行，即使有求救呼喊声，也很容易被喧嚣的锣鼓奏乐声掩盖，很难有人注意到这狂欢背后的罪

《微醺的酒神巴克斯》（Bacchus）［意］米开朗基罗·梅里西·达·卡拉瓦乔（Michelangelo Merisi da Caravaggio）/1598 年/意大利佛罗伦萨乌菲齐美术馆

行。直到公元前 2 世纪的时候，这种局面才因为一则元老院决议发生了扭转。

按照李维的记载（Liv. 39.15.6），故事发生在第二次布匿战争结束以后，阿尔比诺·波斯图米乌斯与马尔基乌斯·菲利普斯任执政官期间。有一名叫埃布提乌斯的年轻人，他的父亲曾经是骑士，临死前为他留下了一笔遗产并且为他指定了监护人。监护人去世之后，他就随着母亲与继父一起生活，而他所继承的财产也就暂时由继父代管。继父很想吞掉埃布提乌斯的遗产，他的母亲对其继父言听计从。他们决定通过酒神节来毁掉这位年轻人，从而获得其遗产。

一次，埃布提乌斯生了一场大病。病愈后，他的母亲立即对他说："在你生病的时候，我曾经在神的面前发誓，如果他能保佑你痊愈，我会带你去参加酒神节的祭祀仪式来感谢神的慈悲。现在愿望已经实现，我们要一起去还愿解除这个神誓，因此你必须禁欲 10 天，在第

10天的晚饭过后,我会带你去酒神巴克斯的神殿参加入会仪式。"(Liv. 39.15.6.)

埃布提乌斯家隔壁住着一位叫伊斯帕娜的年轻女子,身份是解放的自由人。伊斯帕娜虽然曾经做过高级妓女而且生性软弱,但是品性不坏。伊斯帕娜与埃布提乌斯两人非常相爱,伊斯帕娜甚至立下遗嘱指定埃布提乌斯为自己的遗产继承人。

埃布提乌斯在得知自己要参加酒神会后立即告诉了伊斯帕娜他要去履行一个神圣的宗教义务,目的是为了解除他生病时候所许诺的神誓。伊斯帕娜激动道:"千万不要这样!与其你去参加这种仪式,还不如我们俩一起死去算了!"① 随后,她开始诅咒建议埃布提乌斯去参加酒神会的人。埃布提乌斯看到她如此激动,告诉她不用这么担心,因为是他的母亲陪伴他,而且经过了他继父的同意。伊斯帕娜立即指出他的继父正是希望通过这种方式毁掉他的声誉、希望甚至是生命。

伊斯帕娜告诉埃布提乌斯,她在做女奴的时候曾经陪自己的女主人去过酒神巴克斯的神殿,而她在被解放之后就再也没有去过那个鱼龙混杂的地方了。不过众所周知,最近两年那里是不接受20岁以上的人入会的。去参加入会仪式的人,只要一进入神殿,就会被像祭品一样交给祭司,然后被带到一个锣鼓喧天的地方,即使是遭受暴行的人发出求救声也没人听得到。伊斯帕娜恳求他一定要置身事外,不能盲目地听从他母亲的安排。

埃布提乌斯回到家后告诉母亲他并不打算加入酒神会后,他的母亲当着他继父的面,大声斥责儿子:"你连离开伊斯帕娜10个晚上都做不到吗,你已经被那条毒蛇迷得神魂颠倒,以至于你不仅不尊重你的母亲和你的继父,甚至连神你也敢冒犯了!"② 他的继父生怕自己的阴谋落空,立即与他的母亲一唱一和地辱骂他,并且将他赶出了家门。埃布提乌斯来到姑姑埃布提娅(Caeutia)家,将自己的经历告

---
① [德] 奥托·基弗:《古罗马风化史》,姜瑞璋译,辽宁教育出版社2000年版,第130页。
② [德] 奥托·基弗:《古罗马风化史》,姜瑞璋译,辽宁教育出版社2000年版,第130页。

《安德里酒神节》（The Bacchanal of the Andrians）
［意］提齐安诺·维伽略（Tiziano Vecellio）/1524 年 / 西班牙马德里普拉多博物馆

诉了姑姑。第二天他便在姑姑的建议下，将自己的遭遇陈述给了执政官波斯图米乌斯。波斯图米乌斯让埃布提乌斯先回去，三天之后再来，同时开始调查这桩控告。

波斯图米乌斯先是向自己德高望重的母亲了解埃布提娅的为人。当得知她恪守妇道、品德高尚后，他向埃布提娅仔细询问了埃布提乌斯所控告之事。埃布提娅诉说了自己的侄子所遭遇的不幸，并且告诉执政官，正是因为埃布提乌斯拒绝了母亲让他参加酒神会的建议才被驱逐出家门，而大家都知道这个臭名昭著的神秘聚会是何等的污秽不堪。随后,波斯图米乌斯又请母亲把伊斯帕娜叫来,因为他需要仔细了解一下酒神会的情况。

伊斯帕娜告诉波斯图米乌斯:"起初他们只允许女人参加,每年只举办一次入会仪式,仪式在白天举行,祭司是已婚妇女。后来,祭司安妮娅称自己收到神谕,于是她改变了这个规则,允许男人也参加酒神会,因此她的两个儿子也参加了入会仪式,而且入会仪式改为晚间举行,并且仪式的举办频率由一年1次改为一个月5次。从此以后,这种神秘的仪式开始变得荒诞淫乱,男男女女借着夜间的黑暗在酒后纵酒狂欢,完全不觉得什么是犯罪和羞耻。如果有人胆敢反抗,则会被像祭品一样敬献给神。曾经有人拒绝同谋参加那些犯罪活动,就被绑起来藏在山洞里,对外宣称被神带走了。他们人数众多,其中还有很多贵族男女。这两年的规矩是已经不允许20岁以上的人入会了,

《神秘别墅》(Villa dei Misteri)
壁画 / 意大利庞贝城南部

此图描绘了参加酒神节的神秘仪式

《自由人伊斯帕娜控告酒神会》（La Liberta Ispala Fenenia Denuncia L'associazione Dei Baccanali）
［意］切萨雷·马卡里（Cesare Maccari）/1898 年 / 壁画 / 意大利最高法院大礼堂

他们总是欺骗那些年轻人入会，然后玷污他们。"[1]

波斯图米乌斯听完伊斯帕娜的控告后，立即派人将她和埃布提乌斯一起保护起来，自己则去元老院说明情况。元老院对于波斯图米乌斯所说的内容感到极为震惊，这种秘密的集会显然已经被罪恶腐蚀，成了欺诈、暴力犯罪的滥觞之地，并且严重地威胁到公共安全和共和国的安定。有心之人以神的名义使受到欺骗但心怀恐惧的民众一步步走向罪恶的深渊，以献祭仪式来掩盖自己犯罪的勾当。元老院立即组织成立了特别法庭，查处那些参加过集会或者即将参与淫乱和犯罪行为的人，并紧急颁布了一则元老院决议，解散了酒神会，同时禁止在意大利全境内组织酒神节聚会。

1640年，在意大利提利留洛（Tiriolo）的一处建筑工地上发现了这块刻有颁布于公元前186年的元老院决议的方形铜板。这则决议以古拉丁语写成，其内容是命令立即解散酒神会：

> 任何男人或女人都不能成为酒神节的组织者和祭司，也不得成为酒神会的成员，禁止宣誓参与聚会，或是收集钱财、允诺互相帮助。同时禁止以公开、私下或是秘密的方式举办祭祀仪式。只有城市执政官在咨询并获得元老院的同意之后，可以允许不超过5个人的团体举办酒神节祭祀。对于违反此规定的人一律处以死刑。

其实，元老院颁布这则决议并不是因为酒后交媾让他们觉得伤风败俗。在古罗马诗歌和戏剧里比比皆是的赤裸风化，说明了古罗马在性文化上的开放程度之高。让元老院真正感到可怕的是，这种邪教性质的神秘聚会可能导致社会的颠覆，那些醉酒后的堕落人群在秘密集会的背后隐藏了太多的神秘阴谋，很有可能危害到国家的生存。事实上，在古罗马的传统中，一直禁止举行无正当理由和随意的集会，除

---

[1] ［德］奥托·基弗：《古罗马风化史》，姜瑞璋译，辽宁教育出版社2000年版，第131页。

《关于酒神节的元老院决议》(Senatus Consuttua de Bacchnalilas)
公元前 186 年 / 奥地利维也纳艺术史博物馆

非是有军旗在城堡上升起或是军队进行投票,又或是护民官宣布召开平民大会以及行政官员召开民众集会。在历史的发展中,罗马人始终坚守宗教与社会秩序博弈之间的道德底线,而这则元老院决议背后发生的故事,则清楚地展示了罗马人禁止非法结社的真实原因。这也是罗马史上第一桩压制宗教的真实案例。

雅典狄俄尼索斯剧场遗址

IX 流血的斗争
——格拉古兄弟土地改革

《科尔内利娅与格拉古兄弟》（Cornelia and the Gracchi）
［德］菲利普·弗里德里希·冯·赫茨奇（Philipp Friedrich von Hetsch）/1794 年／德国斯图加特国家美术馆

意大利，伟大的国家，强奸你的不是外来的入侵者。你的儿子们将要强奸你，没完没了地轮奸你，残忍地惩罚你，因为你堕落了。你将匍匐在地，倒在燃烧着的灰烬中。互相屠杀！你不再是正直的人的母亲，你养了一群吃人的禽兽。

——《西比尔预言书》（The Song of Sibyl）

在意大利最高法院背后的普拉迪街区，有很多以古罗马历史名人命名的街道，其中有一条就叫作格拉古街。古今中外，无论处在哪种政治格局、面临何种社会形态，土地制度都是一个复杂的问题，涉及政治、文化、法律等各个方面。土地，既是阶级斗争的起因，也是其终极目标。古罗马王政时期的土地原本属于各个氏族所有，但是随着公地的产生和增长开始出现了私有制的萌芽。公民对土地拥有广泛而直接的权利，奠定了罗马最坚实的社会基础，但却也迅速成为罗马政治民主化运动的口号。正如李维所言，每一次土地法案的提案总是伴随着巨大的社会震动。尤其是以农业和军事作为强国资本的罗马，农民们拿起武器就成了军人，军人们在和平时期又回归耕地，土地的斗争还直接关系到军队和国之根本。

罗马共和国早期的公地大多被贵族阶层占有，因此早在公元前5世纪就出现了第一次平民与贵族之间的土地斗争。公元前493年，时任执政官的卡西乌斯提出了《卡西乌斯土地法案》（Lex Cassia Agraria），希望将那些夺得的土地一部分给拉丁人，另一部分给平民。贵族对于这一提案感到恐慌，因为卡西乌斯的决定不仅威胁到了他们的财产，而且他们认为卡西乌斯定是想借此讨好平民。与其共同执政的另外一位执政官极力反对这种做法，他宣称这种慷慨的民众性馈赠是动机不纯的，是卡西乌斯在为自己通向王权铺路。平民相信了这种说法，拒绝了卡西乌斯的提案，并以叛国罪处死了卡西乌斯。

而随后公元前367年通过的《李其尼·塞克提亚法》（Lex Licinia Sextia）虽然规定了任何人占有土地不能超过500尤格，但是无人遵守。富人每年还是以支付租金的方式占有土地。

到共和国晚期，对外征服战争的胜利使罗马迅速成为地中海的霸主。虽然罗马公地迅速增长，但是农业被荒废和破坏，自耕农在战争

《卡西乌斯受斩首刑》（The Be Heading of Spurius Cassius Viscellinus）
［意］多梅尼科·雅格·布迪佩斯（Domenico di Pace Beccafumi）/1532年—1535年/壁画/意大利锡耶纳公共大厦

中已经被消灭殆尽。此时的罗马,刚刚结束了来自外敌的威胁,但内部的敌人似乎更为凶猛,大土地所有制造成了小农赤贫破产。大量土地集中,私人拥有的土地规模远远超过私人允许占有土地的上限。就连汉尼拔也认为:这就如同人体一样,强健的体魄可以抵御外来疾病的入侵,但是内脏器官的疾患,却会制约身体的健康成长,并使人饱受折磨。

格拉古兄弟的父亲是德才兼备的老格拉古,母亲是征服汉尼拔的西庇阿之女。传说老格拉古非常爱自己的妻子,某次他在寝室抓到一对蛇,预言家告诉他既不能全部杀死也不能全部放走,但是如果杀掉公蛇便会使自己失去性命,杀掉母蛇则会使自己的妻子死于非命。老格拉古毫不犹豫地杀死了公蛇放走了母蛇。无论这个故事是否真实,毋庸置疑的是,格拉古兄弟成长于一个充满爱的幸福家庭,父母都是德才兼备之人。按照普鲁塔克的描述,两位高贵的年轻人具备公正无私的品格、口若悬河的辩才[①]和伟大开阔的心胸。

罗马最好的士兵来自农民阶层,罗马的军事力量取决于富裕的农民。但是此时的罗马军队纪律涣散、士气低落。无休止的残酷血腥的战争并没有带来战利品,退役老兵也没有得到犒赏。在追随小西庇阿对西班牙作战的过程中,大格拉古坚定了取消现存制度的决心。

公元前 143 年,大格拉古被选为护民官,他发起了一场旨在将贵族及大地主多占地产分给平民的改革。他的身边已经形成了由一个新贵出身的拥护者组建的小集团,当时最著名的法学家普布利乌斯·穆克优斯·斯凯沃拉都属于这个阵营,并帮助他起草了一部《土地法案》:

[①] 大格拉古曾有一段慷慨激昂的演说:每一头在意大利游走的野兽都有自己的巢穴,但那些为了意大利而战斗、阵亡的人除了享有空气和阳光以外便一无所有。他们无家可归,带着自己的妻儿四处游走。这些士兵被他们的统帅诱骗在战斗中保卫祖坟与宗庙,为这些过着富有和奢侈生活的人战死沙场,但是他们中没有一个人拥有世袭的祭坛或者祖先的坟墓。即便征服了世界,他们仍然没有属于自己的弹丸之地。参见 [古希腊] 普鲁塔克:《希腊罗马英豪列传》VII,席代岳译,时代出版传媒股份有限公司 2012 年版,第 188 页。

1. 在《李其尼·塞克提亚法》Lex Licinia Sextia 的基础上，重新规定占有公有土地的限制问题。租借国有土地的上限仍为500尤格（约合125公顷）。如果再以儿子的名义租借国有土地，一个儿子名下不能超过250尤格。全家租借国有土地的总额，不能超过1000尤格。

2. 从事畜牧业的家畜总数，以600头为上限。国有土地的租借权可以继承，但不得向其他人让渡。

3. 已借用国有土地超过1000尤格者，要将1000尤格以上的土地退还给国家，国家根据退还土地的数量，支付补偿金。国家设立常设的三人委员会把收回的土地以租借的形式再分配给需要土地的农民。

4. 除了向无产者提供土地救济金之外，还要再资助他们所需的启动资金，这笔资金由国库支出。

由于他的土地改革触动了贵族尤其是元老院的利益，再加上他取消了元老院特权等行为，遭到了保守势力的反对，就连曾经与他非常友好的同僚、另一位护民官奥克塔维也倒戈站到了贵族一方，并且一票否决了这一提案。大格拉古不得不以不公正的手段，通过市民大会表决的方式罢黜了奥克塔维。大格拉古的演讲天赋再一次点燃了平民内心的愤怒：

"护民官神圣而不可侵犯，因为护民官被人民所崇敬，是人民权利的捍卫者……假如，护民官与人民为敌，剥夺人民投票的权利，那么他将因为自己的行为而使自己失去这一崇高的职位。否则，即使护民官想要拆除朱庇特神庙或者点燃海军兵工厂，他也不应受到任何干扰。纵使他真那样做了，他也只是一个坏的护民官。但是假如他剥夺了人民的权利，那么他就根本不配做个护民官……如果，一个护民官能够因部族会议的多数票而当选，那么自然而然地，他也应该因为全体一致的表决结果而被罢黜。"

随后，他又绕过元老院，在未经磋商的情况下直接将法案提交市民大会决议，使得提案得以通过。他立即成立了由他本人、岳父和弟弟盖约三人组成的具有家族性质的"三人委员会"推行法案，但是却遇到了巨大难题：如何界定私有土地和公有土地？公有土地所要配备的必要的生产工具和生活工具的经费从何而来？

这时恰逢帕伽玛国王阿塔鲁斯三世去世，临终前他将自己王室的金库和王国的土地一并遗赠给了罗马人民。大格拉古未经请示，便制定法案，宣布接受遗赠，用来购买改革所必需的生产工具。这种做法使得元老院大为震怒，两方都竭尽所能地削弱对方的权力，甚至未能顾及公正和城邦的利益。

在大格拉古第二次竞选护民官的时候，局势陷入了混乱。元老院的一位元老告诉大格拉古，一部分保守派决定刺杀他。大格拉古为了将这一消息告知前面距离较远的平民，便举手表示自己已陷入危险之中，有人要取其脑袋。这被反对派解释为大格拉古想要带上王冠加冕称王，于是在一名叫纳西卡的贵族的带领下，大格拉古被乱棒打死，这是罗马人第一次暴乱，倒在血泊中的是一位希望对土地进行改革的护民官。

盖约·格拉古比哥哥小9岁。他在共和国政治视野中的出现毫无疑问地使得那些对于大格拉古的死亡充满愤怒的平民重怀期待。公元前123年，他被选为护民官。据说盖约·格拉古也具有过人的演讲才华，甚至为了控制自己演讲的音调，他会让自己的奴隶带着定音管或是声音优美的乐器站在身后，帮助渲染他演讲的效果。他上任之后，立即致力于哥哥未完成的改革事业。他对民众发表了这样的演讲：

"这些人在光天化日之下，当着大家的面用棍棒谋杀提贝留，拖着受害者的尸体通过城市中间，投进台伯河的水流之中，甚至就是他的朋友，不论有多少，只要抓住未经审判立即处死。然而我们的城市过去始终遵循公正和古老的习惯，那就是任何人被控犯下滔天大罪，在他还没有出现在法庭之前，当日早晨会派出一个号角手到他的住处，吹响号角唤他去法庭受审，一定要完成法定的手续，陪审员才可以投票作出定罪与否的判决，我们的祖先对于生死大事，秉持审慎和保守的态度。"

在群情激昂的时候，盖约·格拉古趁机提出了两个法案：（1）任何担任公职的官员遭到市民大会罢黜后，不能再竞选任何职位（针对奥克塔维）；（2）任何行政官员未经合法的审判，将一位罗马人定罪加以放逐，市民大会有权对该法案重新审理。①

接着他又提出了一系列法案：（1）将公地分配给贫穷的市民；（2）关心普通士兵，衣物的供应要从公款支出，不应扣除他们的薪资，同时未满17岁的男子不必入营服役；（3）所有的意大利人与罗马

《盖约·格拉古向民众发表讲话》（Gaius Gracchus Addressing the Plebeians）
[法]西尔维斯特·大卫·迈瑞斯（Silvestre David Mirys）/1799年/《罗马共和国历史人物》第127页插图

---

① 参见[古希腊]普鲁塔克：《希腊罗马英豪列传》VII，席代岳译，时代出版传媒股份有限公司2012年版，第206页。

市民一样享有参与选举活动的权利；（4）粮食应以较低的价格卖给贫民；（5）规范审判法庭的职责，大幅削减元老院议员的权力。①

很显然，小格拉古的改革要比哥哥的更加深入和广泛，自然也会危及更多反对派的利益。在他看来，仅仅是收回公地发给贫民犹如隔靴搔痒，必须斩断贵族的头颅釜底抽薪。他比他的哥哥走得更远，小格拉古甚至提议建立更多的海外殖民地以安置平民并给予他们特许公民权，这一点虽然在三百多年后才真正得以实现，但是足以看出他的远见。元老院宣布元老院终极决议，出动军队追杀小格拉古。公元前121年，小格拉古被斩首，甚至有人用铅水灌进他的头盖骨，他的

《盖约·格拉古之死》（The Death of Gaius Gracchus）
[法] 弗兰索·托波诺·勒布朗（François Topino-Lebrun）/1798年/法国马赛美术馆

① 参见[古希腊]普鲁塔克：《希腊罗马英豪列传》VII，席代岳译，时代出版传媒股份有限公司2012年版，第207页。

3000名追随者血染台伯河。

这是第一次在罗马史上出现"元老院终极决议"（senatus consultum ultimum），即在共和国处于危险之中时，元老院可以通过紧急决议采取所有必要的防卫行动。这个时候，叛乱分子被宣布为共和国的敌人，不再受到法律的保护，尤其是不再拥有接受正式审判的权利。"元老院终极决议"作为一种特殊的法律渊源，实质上是对长久以来判处公民死刑必经市民大会审判程序的突破。看上去，这是对民主审判的一种否定，而实际上是对罗马公民根本权利的否定。元老院将自己等同于共和国，以维护公共利益之名去实现对贵族阶层的保护。国家是否受到威胁，是否需要武装镇压，决定权是否在元老院则在所不问。

马基雅维利认为，没有武力作为后盾的先行者难以避免失败的命运。在他看来，共和国压抑已久的改革需求无法以和平的方式得到解决，格拉古兄弟失败的真正原因是因为没有武力作为后盾。按照西塞罗对共和国的定义，对共和国基本法律制度的反叛便是抽走了共和国的基石，因为人民再也无法安全地行使公民权利。

无论是否出身贵族，在对待罗马民众的方式上，都需要把握一种平衡，因为稍不留意便会被认为是狐狸的尾巴。小格拉古比哥哥陷得更深，因为他站在了与自己出身完全对立的阶级，并试图通过打破一种权力的平衡去实现抱负。罗马共和国并不适合激进的变革，因为很容易混淆政治目标和个人野心。只有在面对外部战争的时候，共和国整体才显得非常牢固。

Ⅹ 西西里的美丽传说——古罗马的第一个行省

《黛朵和埃涅阿斯的相遇》(The Meeting of Dido and Aeneas)
[英]纳撒尼尔·当斯·霍兰德(Nathaniel Dance-Holland)/1766年/英国伦敦泰特美术馆

罗马人，你记住，你应当用你的权威统治万国，这将是你的专长，你应当确立和平的秩序，对臣服的人要宽大，对傲慢的人，通过战争征服他们。

——维吉尔：《埃涅阿斯纪》

如果让我选择一个罗马之外的地方来居住,那一定是意大利半岛"长筒靴"脚尖上的珍珠——西西里岛。这里不仅是地中海最大的岛屿,还是歌德笔下"万物的关键",更是东西文化的聚集地。随意走在某个街角,除了那五颜六色让人应接不暇的梦幻阳台,你在不经意间就可能钻进了有着上千年历史的露天博物馆。这里的人热情好客,像极了生活在西方的中国人,去西西里人家里做客你可能连行李箱都不用打开。这里不仅有莎翁笔下充满琉璃味的埃特纳火山,也有劳伦斯钟爱的浪漫山顶小镇陶尔米纳,无论是在"希腊裤衩"蜿蜒旖旎的海岸线上寻找洁白无瑕的白色盐田,还是想去神秘寂静的希腊神庙之谷阿格里真托寻找古老的传说,又或是仅仅来一场说走就走的文艺之旅,感受一下风格迥异的奇特建筑,去西西里都会让你有意想不到的收获。

每一块美丽的土地必定都流传着无数动人的传说,就像西西里的喜怒哀乐里总是有迦太基的影子一样。传说是一群腓尼基人把埃及文明带到了希腊,善于航海和经商的腓尼基人无论走到哪里都能迅速地使城邦变得繁荣兴盛。公元前 820 年前后,一个叫推罗的城邦的国王去世,王子与公主不和,公主黛朵带着一些腓尼基人来到迦太基一带,成为了古迦太基城邦的建立者。黛朵是早期西方历史上最著名的美女,以她的故事为题材的作品遍布大大小小的博物馆。

按照阿庇安在《罗马史》中的记载[①],黛朵带领随从来到现在的突尼斯地区,希望在那里安营扎寨,但当地的帕帕尔人却不愿意别人来占领他们的地盘。在黛朵的请求下,酋长仅仅答应给黛朵"一张牛皮"的地盘。聪明的黛朵把一张牛皮展开,剪成一根根很细的长条后再连

---

① [古罗马]阿庇安:《罗马史(上卷)》,谢德风译,商务印书馆 1997 年版。

《埃涅阿斯向黛朵讲述特洛伊战争》（Aeneas Tells Dido about the Fall of Troy）
［法］皮埃尔·纳西斯·盖林（Pierre-Narcisse Guérin）/1815 年 / 法国波尔多美术博物馆

成一根大长条，围出来一大片土地，帕帕尔人只好承认。后来这个地方取名"柏萨"，其实就是"一张牛皮"的意思。

还有一个传说，黛朵接待了从特洛伊逃出来的王子埃涅阿斯，并且与之相爱。正当两人尽情享受地中海的幸福阳光时，埃涅阿斯在梦中受到神的启示——自己还有神圣的使命没有完成，于是丢下黛朵毅然地离开了迦太基。后来埃涅阿斯辗转来到台伯河一带，这样才有了后世的罗马。不过埃涅阿斯的离开却导致黛朵心碎自杀。虽然传说的真实性很值得质疑，但倘若是真的话，倒可以解释迦太基和罗马在历史上的相爱相杀。

无论如何，在公元前 264 年以前，迦太基和罗马处于大国与小邦的悬殊地位。迦太基人曾戏谑，"没有迦太基的允许，罗马人在海里连手都不能洗"。直到墨西拿的使者前来向罗马寻求救援，罗马市民大会决定参战以后，罗马和迦太基才第一次正式交锋。这场战争持续了 23 年，公元前 241 年第一次布匿战争（即罗马与迦太基的战争）结束后，罗马与迦太基签署了和平条约。双方约定：迦太基撤出西西里并且永久放弃对西西里的占有权，同时迦太基承诺不向罗马的同盟国发动战争。很显然，即便迦太基战败之后没有沦落为罗马的同盟国，但是也慢慢地将地中海的制海权拱手让给了罗马。

在征服了西西里之后，罗马的元老院却对于该如何管理新得到的这片土地陷入了激烈的争论。实际上，罗马从王政时期便开始进行对外扩张，但是宽容的罗马人从来没有想过要将任何一个城邦变为自己的属地，只不过慢慢将所有被征服的领地变成了一个个享有自治权的同盟国。这些国家与罗马签订同盟条约：以罗马为盟主，在战时必须履行援助义务；但是罗马承认他们享有充分的自治权，自治体市民的私有财产也受到保护；同盟国不用向罗马缴纳税收。有学者认为，

《黛朵之死》（The Death of Dido）
［比］约瑟夫·斯塔拉特（Joseph Stallaert）/1872 年 / 比利时皇家美术博物馆

《罗马在西西里岛的胜利》（Trionfo di Roma Sulla Sicilia）
［意］雅各布·里班达（Jacopo Ripanda）/1505年—1506年/罗马意大利卡比多利奥博物馆

这是因为对于西欧思想起源地的罗马来说，提供兵力支援远比提供资金更为体面。可是在我看来，更准确的解释应该是，对于一个以军事扩张为主导的共和体制国家来说，同盟国的成员在享有罗马市民权的同时也必须履行纳税义务，只不过他们以服兵役的方式缴纳税收。

然而，西西里岛上小城邦众多，它们长期处于相互对抗的割据状态。西西里不同于过去任何一个同盟国，曾经处于希腊和迦太基殖民统治之下的西西里，长久以来实施的是土地国有制和什一税制，无论是出于和平共处的原则还是战后经济恢复的需求，同盟的方式显然都很难奏效。

罗马统治者非常清楚地意识到，这里可以成为他们进军非洲的号角吹响之地，也可能沦落为防卫迦太基人的丧钟敲响之处；这里可能成为罗马的后方粮仓，为罗马带来大批的奴隶和财富，也可能导致迦太基人死灰复燃。这里，是罗马共和国在意大利半岛以外征服的第一块领土，所以，如何寻求一种新的行政管理模式以适应局势的需求已是燃眉之急。罗马共和国这架战车已经开出意大利半岛，在成为地中海霸主的道路上能走多远，这一步至关重要。罗马当然不会放过这块富饶的领土，只不过他们需要一个合理合法的名义进行压榨。因此，西西里成为罗马的第一个行省。

行省"province"一词来自于拉丁语中的"vincere"，是战胜的意思，指的是"因为战胜而取得的领土"，最初是指某一执法官（执政官或裁判官）保留的管辖地，一般是一块军事作战的管区，后来发展为被统治地域的统称。

这是一个巨大的改变，用马基雅维利的话来说，"是从争取伙伴但保留威权的扩张模式向争取直接属民的扩张方式的转变"。

无论是温柔的同盟还是霸道的合并，罗马都有可能得不偿失，所以他们选择了直接统治来防范对手死灰复燃的危险。西塞罗在《控告维勒》（Cic. Verr.II.2.2）中提到了西西里的重要性："我觉得应该停下来说一下这个行省的重要性、历史性。实际上，我们应该对所有的同盟国和所有的行省都给予勤勉的照顾，特别是西西里。法官们，出于很多正义的理由，特别是在所有的外邦人中，西西里是第一个向罗马人民寻求友谊和保护的。在所有的同盟国和行省中，它是第一个被称为"行省"，这让我们感到无比荣耀；也是第一个向我们的祖先展示了统治外邦人是高贵的任务，还是唯一的一个向罗马人民表达了忠诚和善意的地方。那座岛上的城市，一旦与我们建立了友谊就不会再离开我们，而且其中的大部分还将一直保持对我们的忠诚。"[1]

不过，罗马究竟是如何管理它的第一个行省的呢？其实核心的原则便是：我保护你，派人来管你，但是你这里的一切都是我的。复杂一点说：你的地是我的，你得租原本是你的但现在所有权属于我的地，你得就你在这块地上的收入和收益向我缴税。你和你的地归我保护。详言之：

---

[1] ［古罗马］西塞罗：《西塞罗全集·演说词卷（上）》，王晓朝译，人民出版社2008年版，第295—296页。

关于行省的定性。行省的所有领地都成为罗马的直属地，接受罗马的直属统治。罗马将这些土地作为公有地拿出来租借给西西里居民进行农业生产，收取土地租借费用。这成为罗马在西西里的主要收入之一。

关于税收。行省居民有义务缴纳直接税，税收额度沿用迦太基在西西里进行统治时候的比例，为收入或者收益的十分之一，也叫作"什一税"，农牧民可以以实物纳税。罗马选派财务官负责税收并实行包税制。如果在生产粮食的农民和征收"什一税"的官吏之间发生纠纷，应当按照《希厄洛粮食法》的规定审理。（Cic. Verr.2.13）

关于行政管理。起初的行省管理如何进行，历史学家们众说纷纭。有人认为，对西西里西部的治理从公元前 240 年起就交给每年派遣到马尔萨拉（Marsala）的财务官，但是有些学者则认为，起初治理西西里的是一个没有职务的当地贵族根据罗马的军事指令来进行。无论如何，最晚在公元前 227 年，罗马设立了两名行省长官，一名是西西里的行省总督，一名是撒丁岛和科西嘉岛的行省总督。行省总督的设立，标志着罗马行省管理制度的正式建立。

实际上，这里的行省总督就相当于地方诸侯，是当地的最高统治者，掌管司法和军事。法学文献中对此有明确的记载。例如，乌尔比安在《论告示》（第 39 卷）中写道，因此行省执政官在其行省范围内享有除君主之外大于所有人的治权。（D.1.16.8）乌尔比安在《争论集》（第 1 卷）中写道，行省执政官一出罗马城，在任何地方都带有行省执政官的标志。但是如果不在通过法令而分配给他的那个行省，他不能行使权力。（D.1.16.1）①

尊重法律的罗马人也为这些"地方诸侯"设立了限制，例如：总督不能带妻子赴任，也不能与本地妇女结婚。总督只审理死刑案件，西西里人仅在自己所属的审判区出庭承担担保义务。行省总督通过发

---

① 参见［古罗马］优士丁尼：《学说汇纂（第一卷）：正义与法·人的身份与物的划分·执法官》，罗智敏译，中国政法大学出版社 2008 年版，第 213 页。

布告示的方式进行司法管辖，以促进地方法与罗马法的融合。根据罗马人的习惯调整西西里不同城市之间的关系，确定他们之前的权利和义务，并遵循有利于被告原则。不过，天高皇帝远，这种分权而治总是会衍生出一些滥用职权、横行不法、搜刮钱财的事，比如说维勒在西西里任执政官的时候，不仅抢劫西西里各地神庙里的宝藏，而且滥用司法权力掠夺居民遗产，甚至还在征收粮食和税收时进行欺诈和抢劫。

罗马与希腊文化的交融便是始于这一时期。罗马掀起了学习希腊文化和希腊语言的热潮，西西里行省帮助罗马人满足了"不出国门"便能学到真正的希腊文化的需求。

公元前131年，在西西里行省颁布了《鲁皮流斯法》（Lex Rupilia）。这是由执政官鲁皮流斯提议颁布的一部法律。根据这部法律，西西里人确定了他们在法律诉讼中的权利，并且制定了详细的司法程序。例如：诉讼提起30天内不得开庭。发生在同一城市的两位公民之间的案子应当按照这个城市的法律、由这个城市的法庭审理。发生在不同城市的两位西西里人之间的案子，应当由执法官指定一个法庭，抽签挑选法庭成员。

从同一则西塞罗的演说词中，可以了解到西西里行省后来确实在罗马的对外扩张中发挥了至关重要的作用："我们的祖先在建立罗马帝国的伟大征程中，便是从这里出发向阿非利加进军的。如果没有西西里为我们提供给养，向我们输送粮食，为我们的舰队提供安全的港口，我们肯定无法战胜强大的迦太基。"[①] 事实上，西西里不仅成为罗马进行海外扩张的壁垒，对西西里的掠夺还帮助罗马为之后进行海外扩张完成了原始积累。加图也把西西里称为"罗马国家的粮仓""罗马人民的奶妈"，因为它"免费提供盔甲、衣裳和粮食，装备我们庞大的军队"[②]。

[①] ［古罗马］西塞罗：《西塞罗全集·演说词卷（上）》，王晓朝译，人民出版社2008年版，第296页。
[②] ［古罗马］西塞罗：《西塞罗全集·演说词卷（上）》，王晓朝译，人民出版社2008年版，第296页。

X. 西西里的美丽传说——古罗马的第一个行省　127

西西里和谐神庙外景图 / 黄美玲摄

西西里陶尔米纳的希腊剧场 / 黄美玲摄

XI 类推适用——弑母者的遗嘱

《阿格里帕庭审》（An Audience at Agrippa's）
［荷］劳伦斯·阿尔玛－塔德玛（Lawrence Alma-Tadema）/1876 年 / 狄克研究所

任何意欲研究法的人,首先应当懂得法这个词从何而来。法来自于正义,正如杰尔苏所作的恰当定义:法是善良与公正的艺术。

——乌尔比安:《法学阶梯》(第 1 编)

作为一名罗马法的学习者,常常被追问其价值所在。有人认为,不存在任何法学问题罗马法没有涉及;罕有一个政治科学的角落,它的光芒未曾照临。我觉得有点夸张。任何一种制定法,必然有其漏洞。也有人认为,罗马法是潜水的鸭子,虽时不时地把自己隐藏起来,但从未消失,总会再度浮出水面。我觉得不够准确。罗马法从古罗马到中世纪再到近现代,从世俗法到教会法,其身影从未在法典中消失过。

在很多人的眼里,罗马人或许不如希腊人思想丰富、勇于探索、精神高雅、富于创造,也不如英美人尊重先例和注重创新,在突破中寻找生机,但是恰恰是罗马人注重法的实践性格。罗马人以其对原则和定义的热情,创造了庞大的罗马法体系,享誉世界。在罗马人眼里,法律才不是装腔作势的哲学伦理,或是公之于众的浅薄文字。罗马人并不擅长法意的抽象思考,也不苛求某条规范永不过时,实质正义和妥适地解决眼下的争讼才是古罗马的法学家和法律适用者绞尽脑汁所追寻的终极目标,才是罗马法的精髓和骄傲。正因如此,罗马法才有了裁判官法,才成为无数法律制度的滥觞之地。

西塞罗在《论开题》中曾经提到一个弑母者马勒奥洛的故事。[①]（Cic. In. 2.50.148.）

故事发生在罗马共和国时期,公元前 101 年前后。一个叫马勒奥洛的罗马公民,因为与母亲发生争执而残忍地杀害了自己的母亲。马勒奥洛的弟弟向法官提出控诉,控告哥哥犯了弑亲之罪（parricidio）。如同中国古代,杀害尊亲属是"十恶不赦"的重罪。对于罗马人来说,杀害母亲（matricidio）如同杀害了家父一样,亵渎了神圣父权的权威性,按照当时的律法应当处以死刑。

---

① ［古罗马］西塞罗：《西塞罗全集·演说词卷（上）》,王晓朝译,人民出版社 2008 年版,第 256 页。

经过审判，马勒奥洛被判处可怕而残酷的袋刑（poena cullei）。这是一种饱受折磨的残酷死刑。首先，把罪犯的双脚用木制枷锁扣住，用狼皮织成的帽子将其头套住，用细鞭抽打至鲜血淋漓。然后，将罪犯与四种极其凶残的动物——蝰蛇、猴子、公鸡、狗——放在一个皮织的大袋子里面，将袋口缝合后，用一头黑牛牵引的牛车运至城外，扔进台伯河。

袋刑中的四种凶物：狗、公鸡、蝰蛇、猴子

之所以选择这四种动物，不仅仅是因为它们都极具攻击性、凶狠野蛮，还因为它们在古罗马时期都被认为是低等动物，用来描述一个弑杀至亲的人非常具有象征性意义：执行袋刑所选用的公鸡是阉公鸡，如同在古代中国一样，它们也被认为是最好斗的动物，常常让狮子也感到战栗；狗在当时不同于其在现代的地位，罗马人认为狗会公开交尾而且好战成性，因此被认为是肮脏、卑微、猥琐的牲畜，暗示着罪犯肮脏的灵魂；猴子被认为是畸形的人；蝰蛇则以狠毒著称。承受这些动物的撕咬折磨，生不如死。实际上，很多罪犯在还没有被投入河里的时候其实就已经死亡了。而之所以将他们投入台伯河，是因为罗马人民认为，杀害父母的人是不纯净的，其尸体也是肮脏的，将他们的尸体安放在罗马的土地上，会亵渎这座神圣的城邦。

马勒奥洛在等待执行刑罚时，通知自己的一些朋友带着写字用的木板和见证人来到监狱，以"称铜式遗嘱"（per aes et libram）的方式拟定了自己的遗嘱。

这种遗嘱的订立方式是这样的：遗嘱人指定一位可以信赖的朋友作为自己的家产买受人（familiae emptor），然后找来一名负责掌称的司称（libripens）和五名罗马市民作为证人见证这一行为。遗嘱人以家产要式买卖的方式将遗产转让给这位家产买受人，并委托后者依照遗嘱人的意愿加以处置。

马勒奥洛没有孩子，近宗亲属（adgnatus proximus）中只有将他送上法庭的弟弟。出于怨恨，他在遗嘱中故意将本应作为法定继承人的弟弟排除在外，剥夺了他的继承资格，反而将自己的朋友们指定为遗产继承人，以报复弟弟对自己的控诉。

马勒奥洛的弟弟得知这一消息后，非常不满，向法官提出了对遗嘱的有效性的质疑，他认为自己被不公正地剥夺了继承权，违反了道德上的"怜悯义务"（officium pietatis）。也就是说，遗嘱人在处分自己的财产时，没有对有关亲属的利益给予基本的照顾。因此他要求法官确认这一遗嘱无效。

显然，这一案件给法官出了一道司法难题。虽然马勒奥洛订立的遗嘱违反了道德义务，但从法律程序和形式上来说是没有瑕疵的，因为罗马共和国没有任何法律规定，罪犯不能拟定遗嘱或者拟定的遗嘱无效。但是，如果弑母者马勒奥洛剥夺弟弟继承人资格的遗嘱有效的话，又似乎违背了正义的本质。面对法律的漏洞，法官希望找到一条能实现良善与正义的解决路径。

案件争议的焦点集中在遗嘱订立之人是否具有订立遗嘱的能力上。在古罗马法中，订立遗嘱要求行为人具备权利能力和行为能力，具有罗马市民籍和自由人身份。因此，精神病人、未适婚人、奴隶、浪费人、严重犯罪案件的被告人一般被认为不享有遗嘱能力。只有法官通过某种方式说明杀人犯不具备订立遗嘱的能力才能确认该遗嘱无效，从而判决他的弟弟可以依据法定继承来获得遗产。因为按照

《十二表法》的规定："精神病人因无保佐人时，其身体和财产由族亲保护。"[①]（Tab.5.7）

有人认为应该从当事人的法律状况来进行类推，理由是马勒奥洛损害了家庭的团结和尊严，因此被认为不具有家长的支配权，自然不具备订立遗嘱的能力；也有的法学家建议从神法的角度来进行类推，因为弑母之人等同于精神病人，行为之异常等同于渎神，因此不能视作人类之列，因而无订立遗嘱之能力。

在古罗马流传着这样一个传说，那些杀害父母的人一定会受到地狱之神的惩罚，从而净化和拯救其灵魂。这个地狱之神也被称为"复仇之神"，在古希腊神话中的名字是厄里倪厄斯，在罗马神话中则叫作孚里埃（愤怒的意思）。传说中，这位复仇之神头上长满毒舌，背后生有翅膀，手持鞭子，只有在惩罚人间的罪孽时才会来到人间。有人认为，这位女神很可能是母系氏族的保护神，所以在神话中特别致力于维护母系血缘关系，对于杀害母亲之人尤其不会手软，极力打击杀害母系亲属的人。荷马说，地下的指复仇女神惩罚那些发假誓的人。有罪者将被厄里倪厄斯不分昼夜地追赶，并遭受各种苦难，直到他们疯掉为止。除非有人愿意为他们举行宗教净化洗礼仪式来洗除罪恶，否则折磨就不会停止。

聪明的法官在审判中这样对市民说：法律确实规定，家庭的主人无论以什么方式立下遗嘱，涉及他的家人和财产，都应该从其所愿。但是，如果我们尊重马勒奥洛的遗愿而剥夺小马勒奥洛的继承资格，又是不公正的，正义女神和复仇女神都会因此而感到愤怒。马勒奥洛在杀害母亲后，受到了厄里倪厄斯的报复。他的灵魂被复仇女神占有和折磨，为了洗除他的罪恶，他处于疯癫状态，我们应该将他视为"精神病人"。根据罗马法的规定：精神病人拟定的遗嘱无效。所以，马勒奥洛拟定的遗嘱是无效遗嘱。而且另外一条法律规定，如果家庭的

[①] 《〈十二表法〉新译本》，徐国栋、阿尔多·贝特鲁奇、纪蔚民译，载《河北法学》2005年第11期，第3页。

《图利娅驾车经过她父亲的尸体》（Tullia passa col carro sul corpo del padre）
[法]让·巴尔丁（Jean Bardin）/1765 年 / 德国美因茨州立博物馆

传说中罗马第六位王图利乌斯就是被女儿图利娅指使凶手所杀，后来人们呼唤愤怒之神孚里埃带走了她。

主人去世前没有留下遗嘱，那么他的家人和财产归他的亲属和族人所有。也就是说，归小马勒奥洛所有。这一判决显然取悦了罗马市民的正义感，他们纷纷赞扬法官的过人智慧。

这就是古罗马法中著名的"违反道德义务遗嘱之诉"。在法律出现漏洞的情况下，法官通过推定杀害父母的人为精神病人，从而得出其拟定的遗嘱为无效遗嘱的结论。这也是我们现代法理中类推适用的起源，即一种法律的比照适用，在适用法律处理具体案件时，如果法

《奥列斯特斯的悔恨》（The Remorse of Orestes）
［法］威廉·阿道夫·布格罗（William Adolphe Bouguereau）/1862年/美国诺福克克莱斯勒艺术博物馆

律没有明文规定，可以按照最相类似该行为的规定进行比较，推定对该案件的处理。

诚然，罗马人看上去不像希腊人那样高大，将理想主义和完美主义视为圭臬，但他们更重视如何解决实际纠纷，将实用主义和实质正义作为立法、司法的终极目标。实际上，在法无明文的前提下，按照同类事例比照处理案件是古今中外共同的做法。因为任何制定法都有可能存在法律漏洞，类推适用是在法律对争议之事存在法律漏洞时的一种补充方法，是实现法律正义价值的另一种补充方式，也是法官不得拒绝审判原则的必然要求。

或者,从这个案件中,我们也能更好地理解乌尔比安的一段法言:"任何意欲研究法的人,首先应当懂得法这个词从何而来。法来自于正义,正如杰尔苏所作的恰当定义:法是善良与公正的艺术。这是一种真正的哲学,而非一种虚伪的哲学。"① 回到文初的质问,我的回答是:罗马法的价值在于她的质朴性格和实践品性,在于她永恒且灵活的生命张力。

---

① 优士丁尼:《学说汇纂(第一卷):正义与法·人的身份与物的划分·执法官》,罗智敏译,中国政法大学出版社2008年版,第5页。

XII 西塞罗的法庭演说

—— 辩护还是表演？

律师，解决诉讼中的疑难问题，并且通过他们在公共或私人事务中的辩护帮助处于诉讼中的人，使被击倒的人重新振奋，就像那些在战斗中保卫他们的祖国、守护他们的父母的人一样帮助所有人。在我们的帝国，我们认为士兵不仅仅是那些手持剑盾或者乘坐战车的人，还有那些律师，他们用动听的噪音作战，守卫着那些处于焦虑之中的人的希望、生活和未来。

——《优士丁尼法典》

西塞罗雕塑
[意] 费卢其奥·维科（Ferruccio Vecchi）／1958 年／意大利阿尔皮诺广场

　　对于一个罗马人来说，无论是为了跨越阶层的沟壑，还是希望获得通往执政官的荣耀，最好的捷径就是进行公共演说。而对于一个想要了解罗马演说家的人来说，无论是严谨敏捷的逻辑思维能力，还是激情澎湃的演说技巧，最完美的代表莫过于西塞罗。虽然在西塞罗看来，演说只是他的政治武器，是他获得至高权力的阶梯，但是在每一个法律爱好者的眼里，他那些关于演说的理论、那些经典的控诉、那些睿智的辩护，都是一本完美的教科书。

　　为了感受这位伟人的风采，我曾驱车一个多小时前往坐落在罗马东南部大约 70 英里一座叫阿尔皮诺（Arpino）的小镇，其广场的正中央竖立着一座英姿飒爽的西塞罗雕塑。公元前 106 年 1 月 3 日，西塞罗就出生于此。普鲁塔克猜想，西塞罗大概有位祖先的鼻尖上面有个微凹的疤痕，很像鹰嘴豆的裂口，所以才取名西塞罗，因为拉丁文中的 cicer 的意思是鹰嘴豆。不过可以确定的是，西塞罗虽然不是出身于显赫的罗马贵族，但是父亲是富裕的乡绅，闲暇爱好研究哲学，母亲赫尔维娅则出身名门，因此西塞罗兄弟二人都受到过良好的教育。

据说他从小就才华出众，远近闻名。他不仅跟随斯多葛学派的盲人哲学老师狄奥多托斯以及柏拉图学派的斐洛学习过哲学，而且还师从法学家昆图斯·穆其乌斯·谢沃拉学习过民法，甚至前往希腊师从著名的演说家阿波罗纽斯专门学习如何演讲，这使得公元前 81 年首次为普布利乌斯参与喀提林阴谋一案辩护的时候，西塞罗就一鸣惊人，声名大噪，那年他才 25 岁。

《阅读中的少年西塞罗》（The Young Cicero Reading）
[意] 文森佐·福帕（Vincenzo Foppa）/ 约 1464 年 / 英国伦敦华勒斯典藏馆

《西塞罗控告喀提林》（Cicero Denounces Catiline）
[意]切萨雷·马卡里 Cesare Maccari/1889 年 / 意大利都灵夫人宫

西塞罗对自己在政途上的期待不止于此。据说在他初次竞选公职的时候，有人劝他更改为通俗的姓氏，他却回答说自己将努力使西塞罗这个姓氏比斯考鲁斯和卡图拉斯两个家族更为荣耀。或许是出于他在《论演说家》中写到的理由：在希腊那些卑微的人，以微薄的报酬为当事人提供法庭协助。而在我们的社会却恰恰相反，那些最体面的、尊贵的人正在从事着这样的工作。（Cic. Or. 45）他从希腊进修回来之后便全身心地投入法庭辩护工作，希望借此获得民众的认可和良好的声誉。

公元前 1 世纪的罗马已经行将就木，而此时的司法诉讼程序也正在慢慢地由法律诉讼阶段向程式诉讼阶段发展。所谓的法律诉讼，是罗马法中最古老的诉讼形式，诉讼依据严格的形式主义进行。但审判的结果并不是建立在事实调查的基础之上，对案件的举证和判决通过非理性的或者超自然的方式解决。那时的审判工作实质上也就是一场赌博，完全不需要专业的法律知识。而且，传唤和执行都由原告发起和进行，诉讼主动权在当事人手里而不在法官手里，自力救济占主导地位。因此，跟古希腊法律的规定一样，当事人必须自己亲自出庭（D.50.17.123），只有在法律规定的特殊情形中才允许以他人的名义提起诉讼（Gai.4.82），例如：为维护公益事业而提起的诉讼，比如民众诉讼（actiones populares）；为维护自由权而提起的诉讼；为维护受监护人的利益而提起的诉讼，或者其他市民对不称职的监护人提起的诉讼；以缺席者的名义提起的盗窃之诉（I.4.10.pr）。[1]

到了公元前2世纪，伴随着罗马疆域的不断扩大，经济的发展使法律关系变得复杂，人员流动频繁，诉讼代理才由例外而逐渐成为普通的制度。不过所谓的法庭辩护还处在婴儿期，并没有专业的代理人制度，也没有严格的规范程式，当事人双方通过互相发表演说来进行对抗式的辩论，审判员根据自己的正义感作出裁决。无论是执法官还是审判员，极少学习过法律，通常都是靠自己的知识来进行判断。因此，法庭演说获得胜诉的关键在于能否在诉讼演说中成功地说服审判员相信自己的陈述。而如何巧妙地发表动情的演说来影响陪审员的判决，就显得至关重要。

在法庭上替人辩护的大多是出身贵族的公共演说家，他们常常帮助市民维护其私人权利或者提起公共诉讼，并借此来笼络人心和提高自己的声望。他们并没有受过专业的法律训练，大多数人都只是在接受修辞学或雄辩术训练的同时，学习了最基础的法律知识。西塞罗认为："对于演说家来说，市民法的深入研究并不是必须的；即使不是市民法研究者的演说家，也可以应付复杂的问题。"（Cic. Or. 1.58.248，1.59.250）。而且就获得胜诉而言，相较于有效地煽动审判员情绪的能力，法律技巧与知识实在不怎么重要。不过毫无争议的是，罗马那些知名的演说家通常都很好地掌握了从希腊传来的雄辩术等辩论技巧，

---

[1] 参见徐国栋：《优士丁尼〈法学阶梯〉评注》，北京大学出版社2011年版，第541页。I.4.10.pr指《法学阶梯》第4卷第10个片断的序言。

且或多或少地对法律知识有所了解。事实上，在古罗马，几乎每一位著名的演说家同时都是一位修辞学家，他们运用这种说服的技巧来论证自己的观点，使法官支持自己的诉求。

与希腊社会传统一样，这一时期的法庭辩护并不允许获得物质性的报酬，但胜诉的当事人常常会通过赠送物质性的礼物来表达自己内心的感激之情。久而久之，这种赠与便形成了一种风俗。因为对于当事人来说，诉求得到满足之后以私人赠与的方式来表达自己的感激，是理所应当的；而对于演说家来说，这种赠与是对自己工作的一种认可，是一种自我价值的实现，接受它无可厚非。但是，双方就辩护达成某种关于报酬的协议或是辩护人直接索取报酬，会被认为是不光彩甚至是必须禁止的行为。根据公元前204年颁布的《关于赠礼的琴其亚法》（Lex Cincia de Donis et Muneribus），"任何人都不能因辩诉而接受金钱或者赠与"[①]（Ne quis ob causam orandam pecuniam donumve accipiat）。其原因是，在遵循严格的合同类型法定的罗马法中，跟古罗马法中的其他自由职业一样，辩护人与当事人之间的关系由于客体不具有物质性而不构成承揽租赁（locatio operis），因为承揽租赁的标的是一项特定的工作且具有物质性；同时，由于辩护人与当事人之间缺乏一种从属性，也不构成具有从属性的雇佣租赁（locatio operarum），因为雇佣租赁以诚信而非自由的服务为标的。因此，医生、律师、自由人、家庭教师的工作都不被视为雇佣租赁的标的。不过，《关于赠礼的琴其亚法》属于"不完善法"，只有规则没有罚则，所以如果已经履行赠与也不能请求返还。

总之，在古罗马的诉讼中，熟练地运用雄辩术技巧非常重要，细致地掌握法律条文反倒不太受重视。雄辩术是标准，起诉人要调动包括观众、陪审员和法官在内的人群的情绪。拉丁语中，起诉人与舞台上的演员都是由同一个词来表示——"actor"，也就不足为怪了。法

[①] 黄美玲：《〈关于赠礼的琴其亚法〉探究》，载《私法研究》（第19卷），法律出版社2016年版，第60—73页。

XII. 西塞罗的法庭演说——辩护还是表演? 147

《法庭上的芙里尼》(Phryne Before the Areopagus)
[法]让-里奥·杰洛姆(Jean-Léon Gérôme)/1861年 / 德国汉堡美术馆

律是良善与公正的艺术,而诉讼中的辩论便是法律艺术与观众进行情感交流方式,法庭就是展现这种艺术的舞台。

这种传统应该来自于希腊,有这样一则故事:公元前4世纪,有一位叫芙里尼的女子有着沉鱼落雁、闭月羞花之容貌,是雅典非常著名的交际花。在厄留希斯的一次波塞冬节日里,她当众宽衣解带步入海中。这一举动被她的一个旧情人控告亵渎了神灵。在法庭辩护中,他的辩护人在众目睽睽之下,揭去了她的衣裳,在场的陪审员为其美丽无瑕的身体而瞠目结舌。在艺术家们的眼中,是女子美丽的身体征服了在座的陪审员,但在法律人的眼里,毋宁说是机智的辩护人利用朴实的陪审员们的羞耻心,最终获得了无罪判决。

不过在演说技巧上,罗马人甚至比希腊人走得更远一些,就连西塞罗的老师阿波罗纽斯都说:"西塞罗,我钦佩你的本领,也赞美你的才华;不禁使我对希腊怀着怜悯之情,因为演说和辩才是希腊仅存的光荣，现在却经由你的本领转移到罗马的名下了。"①

将西塞罗的声誉推向顶峰的是一场控告维勒的诉讼。维勒在公元前73年被选为西西里行省的执政官，原本任期只有一年，但是由于斯巴达奴隶起义的爆发使其延长了两年。他在任期间大肆敲诈勒索、掠夺艺术珍品、随便处决当地民众和罗马公民。在他卸任准备竞选执政官时，西西里人民控告他盗用公款。虽然这只是他众多罪行中的一个，但这在当时的罗马是一个非常严重的指控：搜刮钱财罪（crimen repetundarum），具体是指公共官员尤其是行省执法官非法侵占、勒索或者攫取某一集体或个人的财产的行为。对于罪犯，除了要返还搜刮来的钱财外，还要科处双倍的罚金。

由于西塞罗在公元前75年曾经在西西里担任过财政官，深受民众信赖，因此大家将控告维勒的演说委托于他。当年36岁的西塞罗正处于政坛的快速上升期，他当然不会放弃这样一场能够名扬罗马的机会，虽然他知道以维勒当时的权势，案件一定不会那么轻松。对手是当时罗马最有名的起诉人霍塔鲁斯，以善于模仿滑稽演员著称。这位霍塔鲁斯是当时诉讼界的顶尖高手，但是其穿着极其矫揉造作，常常将托加袍的折痕整理得一丝不苟，加上演说时总是手舞足蹈，所以有了"舞姬狄奥尼希娅"的绰号，并有人在法庭上以"戏子"的称呼来嘲弄他。

著名的控诉维勒之辩护开始于公元前70年8月5日，西塞罗非常清楚，维勒不会轻易被自己击垮。证人不是消失就是不愿意开口，他不得不亲自前往西西里进行取证。时任执法官也偏袒维勒，故意拖延审判，因为新当选的下一任执政官恰恰是霍塔鲁斯，如果能够将审判拖到第二年，他们很可能将维勒定为无罪。不过，聪明的西塞罗很容易便识破了对方的伎俩，他果断地当众提出抗议："我不允许这桩案子的裁决推迟到大批民众离去之后，他们从意大利各地聚集到罗马

---

① ［古希腊］普鲁塔克：《希腊罗马英豪列传》VII，席代岳译，时代出版传媒股份有限公司2012年版，第266页。

来参加选举、赛会和法庭调查。"① 西塞罗还宣称自己并不需要时间发言，只要当众把证据拿出来查验就行了。

据说西塞罗准备了七篇演说词，但是最后只用到了其中的两篇。我们从流传下来的演说词中，仍然能窥见他充满智慧的辩论技巧。

有时候是巧妙诙谐的双关。霍塔鲁斯从维勒那里接受了一尊纯银的狮身作为报酬。西塞罗对案情用旁敲侧击的方式加以指控，霍塔鲁斯说他不善于猜谜，西塞罗反驳道："那你家里为什么要摆一尊人面狮身像！"

有时候是强硬的反驳。维勒有个儿子从小就极其顽劣，后来更是声名狼藉。维勒当堂谴责西塞罗生活颓丧、败坏年轻人的品德时，西塞罗说："这些话要是你拿到自己的家里教训不长进的儿子，岂不更为合适？"

有时候慷慨激昂。他这样控诉维勒："浪费国家的财产，背叛一位执政官并剥夺其财产；抛弃一支军队，不提供任何给养；掠夺一个行省，而且践踏人民的公民权利与宗教权利。西西里执政官的职务更使他的罪恶勾当达到顶峰，成为永远抹不掉的恶行记录。他所作的各项决定违反了一切法度、一切先例、一切公理。他对劳苦贫民的强取豪夺无法估量。我们最忠实的盟友被他当作仇敌对待。罗马公民被他当作奴隶凌辱处死。最高尚的人被他不经审讯即判为有罪，予以放逐，而最凶残的罪犯则以金钱贿得对其应得惩罚的豁免。"②

有时候还是粗野的漫骂。维勒并不愿意出庭，西塞罗就笑称："他毕竟是维勒，就像他的名字一样（verres 的意思是猪），面对绝境仍能毫不犹豫，听到最难堪的事情也能无动于衷。"③

---

① ［古罗马］西塞罗：《西塞罗全集·演说词卷（上）》，王晓朝译，人民出版社 2008 年版，第 227 页。
② ［古罗马］西塞罗：《西塞罗全集·演说词卷（上）》，王晓朝译，人民出版社 2008 年版，第 232—234 页。
③ ［古罗马］西塞罗：《西塞罗全集·演说词卷（上）》，王晓朝译，人民出版社 2008 年版，第 230 页。

有时候却又是真诚朴实的情感流露。在演说词的结尾他这样呼唤到："这个疯狂的无赖公然向你们的圣地和神圣的崇拜发动了亵渎、盗窃圣物的战争。当我对这个人提出指控并在本案中进行争辩时，我要兼顾我们的同盟者的根本利益、罗马的荣誉和我的良心的命令，如果说我的所有努力、关注和思想都在努力履行我的义务，并且仅仅如此，那么我接受这个案子的目的，我在处理这个案子时的正直，同样会激励这个法庭的成员对它作出判决。"①

西塞罗还说道："自由的美名啊！我们国家完美的法律啊！《波罗基乌斯法案》（Lex Porcia）和《塞姆普罗尼亚土地法》（Lex Sempronia）啊！奋力追求而最终回归的平民护民官的权力啊！这一切都到了这样的地步，以至于一个罗马公民，在罗马公民的行省里，在一个结盟的城市里，竟被一个因罗马公民的恩惠而拥有束杖和仪仗斧的人捆绑在广场中间，受棍杖之抽打？为什么？当火刑和烧红的铁板以及其他酷刑被采用的时候，如果说那人的痛楚的哀求和可怜的呼喊不能使你心软的话，那么就连当时在现场的罗马公民的哭泣和呻吟，也不会让你心惊吗？"

西塞罗曾经在《论演说》中强调，演说家的作用体现在赢得善意、指导心灵和调动激情三个方面。毫无疑问，在控诉维勒的演说词中，他将自己的天赋和心得运用得淋漓尽致。经过西塞罗的努力，维勒终于被定罪。在结束诉讼后，西西里人给予他丰硕的馈赠，他将馈赠捐出作为公益之用，无私的义举让人感到相当惊讶。他击败霍塔鲁斯，也为自己赢得了"罗马第一律师"的称号。就连昆体良都赞叹西塞罗不只是一个人的名字，更是雄辩的代名词。

---

① ［古罗马］西塞罗：《西塞罗全集·演说词卷（上）》，王晓朝译，人民出版社 2008 年版，第 610 页。

XIII 道德改革者的家庭闹剧——《尤利亚法》

奥古斯都和平祭坛外景 / 黄美玲摄

关闭了罗慕洛斯的雅努斯拱门,
为逾越正确秩序的放纵套上了缰绳,
清除了泛滥的罪,
重新召回了古老的美德,
正是靠它们,
我们拉丁民族的名字和意大利的力量才不断增强,
罗马帝国的名声和威望,
才从太阳栖息的西方一直延伸到
它每日升起的东方。

——贺拉斯:《致屋大维》

历史学家们也好，法学家也罢，无论在哪个领域、以何种方式、从哪个角度叙述罗马史，似乎都无法绕开盖乌斯·屋大维·奥古斯都这位伟大的君主。他出生于罗马政治环境极其恶劣的年代，却凭借机智勇敢成为罗马的第一位皇帝。当时的罗马荒芜萧条，屋大维却凭借高效务实的治理奠定了罗马帝国繁荣昌盛的坚实基础。他面临的是一群骄奢淫逸、道德堕落的贵族门阀，却以强硬果断的作风重建了有效的政府。他以"第一公民"的名义作为罗马帝国的元首独揽大权44年，无论是戎马生涯还是行政管理，都备受称赞，因为他治下的罗马帝国比任何时候都更为幅员辽阔，繁荣昌盛。

他爱好和平，曾经亲手关上了雅努斯神庙，他所处的时代被称为"奥古斯都和平"。雅努斯是罗马人供奉的战神，神庙的庙门打开意味着战争，关闭意味着和平。在屋大维之前的历史上，只有在第二任王驽马的统治下和第一次布匿战争后的公元前235年关闭过两次。然而屋大维却在短暂的时间内就第三次关闭了雅努斯神庙的大门，意图以和平来统治。尽管他小心翼翼地掩盖帝国初期乱象丛生的事实，力图制造和平团结的假象，但是他却从头到尾未能掩饰住自己内心的不安全感，因为他有9个近军卫队，也就是说他的权力实质上还是依赖军权。

众所周知屋大维是位美男子，以至于很多写罗马史的人都以他的雕塑作为封面图片。苏维托尼乌斯在《罗马十二帝王传》中写道："他虽然从来不讲究打扮，但是拥有少见的英俊面庞，以至于在生命的每个阶段都保持着他的魅力。无论是与人交谈，还是保持沉默时，他的脸上都洋溢着平和与宁静。他的眼睛炯炯有神，他希望透过这对眼睛能够使人相信他带有一种神圣的力量，而当他凝视某个人时，那个人会如同感受到阳光的照耀一样低下脸的话，他会感到高兴。"

《奥古斯都关闭雅努斯神庙大门》（Augusto Chiude le Porte di Giano）
［意］切萨雷·马卡里（Cesare Maccori）/ 壁画 / 意大利博罗梅奥阿莱赛宫

屋大维统治时期也被称为"罗马文学的黄金时代"，因为这位聪明的统治者非常懂得民众的思想与情感在统治中所发挥的作用。他不仅对文学家们大加奖励，还常常谦恭并且认真地倾听他们朗读诗歌和历史著作，亲自参加他们的公开演讲和辩论。这可能也是维吉尔、贺拉斯、李维都毫不吝啬地为他大唱赞歌的原因吧。

在我的老师 Diego Quaglioni 教授[①]看来，虽然这位君主常常被恺撒的光辉所遮挡，其倡导的"共和国"统治实质上也只不过是一件"皇帝的新衣"，可是他重视道德、整顿世风，这与中国的法律精神是契合相通的，因为中国是世界法律史上法律与道德的关系最为紧密的

---

① 意大利特伦托大学教授，法史学界、但丁学界泰斗。

《维吉尔为奥古斯都和奥塔维娅朗读〈埃涅阿斯纪〉》(Virgil Reading the Aeneid to Augustus and Octavia)
[法]吉恩·约瑟夫·塔利亚森(Jean Joseph Taillasson)/1787年/英国伦敦国家美术馆

国家。

实际上，在屋大维统治时期，进入帝国时代的罗马的公共财产富裕充盈，但是随之而来的贪婪也使罗马人逐渐丢掉了节制、勤劳的传统，寻欢作乐、沉迷声色的罗马人将罗马推向了一个罪欲横流的时代。当时道德风气日益败坏，从贺拉斯的一首诗中我们可以窥见当时通奸行为的普遍：

> 罪恶的年代首先玷污了
> 纯洁的婚姻、家庭和血缘关系，
> 于是灾难犹如洪水泛滥般冲击我们的民族和祖国。
> 一个个妙龄少女都喜欢上希腊式舞蹈，
> 模仿各种挑逗的方式，
> 对淫荡的性爱过早地驾轻就熟。
> 于是当丈夫陶醉于美酒时，
> 她便去寻找年纪更小的奸夫，
> 在昏暗的房间里，
> 轻率地将身子给了男人。
> 不仅如此，即使当着知情丈夫的面，
> 只要有人提出要求，
> 无论是平凡的货郎，
> 还是肯花钱的西班牙船主，
> 都立刻起身笑脸相迎。①

屋大维显然是注意到了这种道德观念败坏、罪恶横行的时代风气对他重建罗马雄风是多么的不利，特别是他还被任命为终身的公共道德监管者，负责监督公众的道德风化。不过，他并不是关注到这一问题的第一人，西塞罗早在公元前 46 年，就提到了人口出生率问题和

---

① ［古罗马］贺拉斯：《贺拉斯诗全集：拉中对照详注本（上册）》，李永毅译，中国青年出版社 2017 年版，第 195 页。

罗马晚宴 / 庞贝壁画

遏制损人害己的泛滥激情。元老们也认为,年青一代过于放荡,导致很多人没有结婚生子。屋大维甫一上任,就着手进行内部改革,希望通过道德改革稳定婚姻关系来加强社会稳定,按照共和国传统全面恢复祖宗旧制所形成的道德习惯。

公元前 18 年,屋大维颁布了《关于处罚通奸的尤利亚法》(Lex Iulia de Adulteriis Coercendis),处置通奸以及自由女性的任何非婚性行为。该法律规定:对于通奸之人,女性没收一半嫁资并且流放到荒岛,男性没收财产的一半并且流放到不同的荒岛,甚至可以处以死刑。通奸女子的家父如果在自己或者女婿家中抓住现行通奸,有权行使杀奸权直接杀死女儿及其奸夫。但是被背叛的丈夫只能杀死处于较低社会阶层的奸夫,对社会地位高于自己的奸夫没有杀奸权,不过可以合法地将其羁押 20 个小时（不论是白天还是黑夜），以便查清事实。而对于现场抓住妻子通奸之后仍然容留妻子并且放走奸夫，或者接受好处而加以隐瞒的丈夫，法律规定该行为甚至也可以被视为通奸。

如此一来，许多妇女可能由于这一规定而受到指控，但屋大维不愿让那些人都被起诉，所以将起诉的时效作了限定，使之有利于自己，这样他便可以不必为自己登基以前的罪行操心。这是法律史上第一次创立追诉时效制度。不过，女奴隶在古罗马法中属于物的范畴，因此不属于此法的适用范围，而是属于"古代的侵权法"《阿奎利亚法》（Lex Aquilia）规定的范畴。

这项法律得到了同一时代很多文学家的颂扬，包括贺拉斯、奥维德等人，他们在自己的诗歌中都提到了这一法律。但尴尬的是，无论是屋大维自己还是他的家人，在道德品行方面都不是典范。

首先说说屋大维自己。据说他年轻的时候，有一次公开地把前执政官的妻子从餐厅带到卧室，随后又将她耳根绯红、头发凌乱地带回饭桌。安东尼也说屋大维的朋友们替他抢夺和物色已婚妇女和未婚少女。根据苏维托尼乌斯的描述，就连屋大维的朋友也不否认他常有通奸行为。但是他们解释说这是一种策略而不是淫欲，因为通过政敌家里的家庭主妇他可以轻而易举地打听到对方的阴谋和计划。[1]

虽然屋大维是否真的好色甚至长期与元老们的妻子们保持通奸关系，在晚年还喜欢玩弄少女，我们不得而知。不过，他确实结过三次婚，第一次是在他需要与安东尼联合时娶了安东尼的继女克劳迪娅为妻子，但是由于奥古斯都与岳母不和，两人还没有同房就离婚了。不久，他仍然出于政治需求娶了斯克里波尼娅，因为斯克里波尼娅的哥哥是小庞贝的支持者，如果小庞贝与安东尼联合会影响到屋大维的地位，所以屋大维娶了比自己大十来岁，已经结过两次婚的斯克里波尼娅。按照塞涅卡的记载，斯克里波尼娅应该是庄重正派的女性，但是奥古

---

[1] 参见[古罗马]苏维托尼乌斯：《罗马十二帝王传》，张竹明等译，商务印书馆1995年版，第104页。

斯都却说这个女人性格乖戾、喜欢抱怨，让他感到厌恶。他们俩生下了朱丽娅，这也是唯一与奥古斯都有血缘关系的孩子。他与斯克里波尼娅离婚后立马娶了第三位妻子丽薇娅，让人大跌眼镜的是，丽薇娅是在已经怀孕 6 个月的时候嫁给"第一公民"屋大维的，母家也不是什么名门望族。不过她的前夫提比略·尼禄为他们主持了婚礼，并且还像父亲一样给她置办了嫁妆。

据狄奥尼修斯的记载，有些人希望政府采取更强硬的措施遏制通奸，奥古斯都却不愿意继续干预，因为他觉得新法律已经足够了。这种事情是很难管的，对于通奸的人很可能仅仅显得可笑而已。但主要原因可能还是，奥古斯都自己也曾是个风流浪子，与很多有夫之妇发生过奸情，这肯定不利于法律的执行。

最后这段婚姻经历使他在执行自己制定的法律时，遇到了一些困难。《关于处罚通奸的尤利亚法》刚颁布一年，一名年轻男子被指控娶了一位与他有过通奸行为的妇女。屋大维处于两难的境地，既不能宽容又不能惩罚，因为这名男子的处境与他自己的第三段婚姻极其相似。他左思右想后对原告和被告说，内战造成了许多可怕的后果，忘掉它们吧，今后务必不要发生类似的事情了。

虽然屋大维努力把丽薇娅塑造成传统的代表罗马美德的罗马女性的形象，但是他的女儿和孙女，大小朱丽娅却让他所倡导的道德改革功亏一篑。大朱丽娅是奥古斯都和斯科里波尼娅所生的女儿，也是他唯一的孩子。屋大维为了迎娶丽薇娅，是在大朱丽娅出生的这天与斯科里波尼娅离的婚，这可能是深闺中长大的大朱丽娅成为那个时代逆子的典型代表的根本原因。据说，在大家劝她应该像他父亲一样勤俭节约时她就回答：他忘了自己是奥古斯都，我却没有忘记自己是奥古斯都的女儿。屋大维非常宠爱这个女儿，所以历史学家马克罗比乌斯曾经提到，屋大维曾经对他的朋友们说，他不得不忍受两个宠坏了的女儿，一个是罗马共和国，一个是朱丽娅。这可能也是为什么奥古斯都时期唯一出现在罗马硬币上的女人是朱丽娅而不是丽薇娅的原因吧。

　　暂且放下她的名声，朱丽娅肯定是新罗马帝国历史上数一数二的美女，虽然任性但是非常受欢迎，因此她的婚姻全部都是为了迎合他父亲的政治目的而被一手安排的。她的第一任丈夫是自己的表哥，但是结婚才两年这位不幸的年轻人就早逝了。他父亲很快将他许配给了比她年长25岁、鼎鼎有名的大将军阿格里帕，虽然生了5个孩子，但是她在此期间一直与人私通。当有人问她为什么与其他男人通奸，

大朱丽娅的头部雕塑 /
德国柏林阿尔特斯博物馆

生下来的孩子却个个都像丈夫时，她居然回答，只有在知道自己已经怀上丈夫的孩子后，她才会跟其他人交媾。所以当她的第三任丈夫提贝留在被母亲强迫下，离开与自己相爱的妻子与朱丽娅结婚时，内心是极其鄙视这位臭名昭著的公主的。但是他也不敢拒绝或是指责朱丽娅，因为他曾经在集市上看到前妻时与她深情地对视了一会儿，就遭到他母亲狠狠的训斥。所以最后他宁愿放弃唾手可得的皇位，在公元前6年选择了自我流放。不过，提贝留的选择并没有让朱丽娅意识到自己的问题，反而使她的放荡行为完全没有了束缚。

　　塞涅卡提到："她的情夫数不清。夜里她在大街上狂欢作乐。她偏要在广场和讲台上与男人拥抱，那是她父亲公布反通奸法的地方。她每天在马西阿雕像下约会，因为她已经从淫妇变成娼妓了，放纵地与素不相识的人鬼混。"（Sen. Ben. 6.32）

一时间，朱丽娅成为不道德和放荡的代名词，当丽薇娅把这一切告诉屋大维的时候，他已经是全罗马城最后一个知道此事的人了。致力于提高人民的道德水平，自己的孩子却在众目睽睽之下通奸，这对他是极大的羞辱，也是对他所倡导的道德改革运动的践踏。恼羞成怒的屋大维让监察官在他缺席的情况下去元老院宣读了他的信件，他在信中说自己在很长的时间里不愿意见人，并且曾经考虑行使古老的家父权处死朱丽娅。只不过他真心疼爱这个才貌双全但是做了政治牺牲品的女儿，也深感自己在这件事情上具有不可推卸的责任，所以最后他只是放逐了她，但是禁止她在放逐期间饮酒和使用任何一种奢侈品，而且未经他许可，不告知他求见者的身高、肤色、甚至身体上的任何标记或疤痕，他就不准任何男人接近她。① 虽然后来屋大维召回了她，但是没有再让她回到自己身边，甚至在遗嘱中提到，不允许朱丽娅葬进屋大维家庭的陵墓。

不仅如此，随后她的孙女小朱丽娅又在他的伤口上撒了一层盐。据说著名诗人奥维德就是受此牵连而遭到放逐的。虽然很多人都认为是因为他所创作的《爱的艺术》过于轻浮且与屋大维的改革背道而驰，他才被流放的。因为当时奥维德在法律已经将通奸定性为犯罪的情况下，还使用明显表示通奸含义的词汇写作，公开教授引诱技巧。而且风靡全城的《爱的艺术》一书使立法者深感法律并未得以实施，实际上，奥德维确实在《爱的艺术》一书中论证通奸是否有罪，但是他颂扬了这一法律。

还有另外一种说法，似乎更加合理。那就是，奥维德的朋友诱奸了小朱丽娅，而且奥维德在一定程度上支持他们的交往。他们通奸被抓住的时候，房间里还发现了一本《爱的艺术》，所以奥维德成了通奸行为的教唆犯。有人甚至评论他"提供了一部完整的求爱术指南"。

但无论如何不可否认的是，屋大维非常重视家庭教育和道德规范，

---

① 参见［古罗马］苏维托尼乌斯：《罗马十二帝王传》，张竹明等译，商务印书馆1995年版，第101页。

《流放中的朱丽娅》(Giulia Esiliata Aventone)／[俄]帕维尔·斯韦多姆斯基(Pavel Svedomskiy)／1886年／乌克兰国立基辅俄罗斯艺术博物馆

奥古斯都头部雕塑／公元前 27 年—前 25 年／
英国伦敦大英博物馆

在抚养后代的过程中，他甚至请人教孙女们纺织，并且不许她们结交陌生人，教育她们行事一定要光明磊落。他还亲自教授自己的孙子们读书、游泳和其他方面的本领，尤其是努力地训练他们模仿自己的笔迹，他用膳时总是让他们坐在矮榻上在他身边用膳，外出时总是让他们坐车走在他的前面或骑马走在他车子两边。①

他希望罗马的精英阶层尽自己的义务，不断提供年轻男子来从政。他在位期间还颁布了《关于必须结婚的尤利亚法》（Lex Iulia de Maritandis Ordinibus），规定生 3 个或更多孩子的父亲将得到福利，而适龄却不结婚或不生子的男子将受到处罚。虽然禁止元老和被释放的女奴结婚，但其他公民，包括骑士，则被允许与被释放的女奴结婚。当屋大维发觉存在许多与未成年姑娘订婚和频繁更换妻子的现象，法律的精神正在被钻空子时，他缩短了订婚期限，并对离婚实行了限制。不过，道高一尺，魔高一丈，为了应付新法律，有些男子安排自己与婴儿订婚，享有婚姻带来的福利，而在好些年内都不必真的结婚。屋大维的回应是规定订婚之后必须在两年内结婚，否则婚约无效。

由于规定过于严苛，《关于必须结婚的尤利亚法》遭到了强烈的公开反对而没能实行。于是公元 9 年颁布的《巴比乌斯—波贝乌斯法》放宽了《关于必须结婚的尤利亚法》的限制，把"丧偶一年，离异半年，必须重新结婚"放宽到 3 年，并且增加了补偿，允许在丈夫或妻子死

---

① 参见［古罗马］苏维托尼乌斯：《罗马十二帝王传》，张竹明等译，商务印书馆 1995 年版，第 100 页。

后可以有 3 年的时间不结婚，这一法令才得以实施。"补偿"由各种不同的豁免组成。

屋大维的法律政策反映了他理想的社会秩序，虽然不一定符合现实。他还修订了很多其他的法律，例如关于奢侈、关于行贿的相关法律等。"纯洁的门户没有任何淫邪的污染，道德和法律驯服了劣迹斑斑的恶行。妇女因为孩子像父亲而受到称赞，迅速的惩罚让罪恶心惊。"[1] 这是贺拉斯写给屋大维·奥古斯都的赞歌。虽然法律的执行结果不尽如人意，但是蒙森也评价《关于处罚通奸的尤利亚法》是"历史上有名的、最令人钦佩的、最持久的刑法革新"[2]。

---

[1] ［古罗马］贺拉斯：《贺拉斯诗全集：拉中对照详注本（上册）》，李永毅译，中国青年出版社 2017 年版，第 293 页。
[2] ［德］特奥多尔·蒙森：《罗马史》（第四卷），王稼祥译，商务印书馆 2005 年版。

XIV 《维斯帕芗关于权力的法律》
——君权法授

废墟中的罗马维斯帕芗神庙外景图 / 黄美玲摄

君主喜好之事即为法律,因为民众根据君主治权的君王法,把自己的全部治权和支配权授予他,委托他。

——优士丁尼:《学说汇纂》

接下来我们要讲述的是在"罗马帝国被埋没在苦恼和悲痛时期的历史"。在这段时间，与敌人之间不断发生残酷的战斗、同胞间发生不和与反目、行省人民发动叛乱，恐怖的战争与激烈的内讧构成了这个时代的主旋律。① 虽然，塔西佗断定是涅尔瓦以及后面的几位皇帝挽救了罗马帝国的这种绝望状态，但是我认为，带领罗马走出这场危机的是另外一位平民出身的皇帝——维斯帕芗。

维斯帕芗的全名叫提图斯·弗拉维乌斯·维斯帕西亚努斯，公元 9 年出生于罗马以北的小城列尔迪，他的祖先是萨宾人，父亲是退役军人。虽然没有显赫的身世，维斯帕芗却成了后世永垂不朽的乱世枭雄。

据说在罗马郊外弗拉维家族的土地上，有一株献给马尔斯神的老橡树。维斯帕芗的母亲维斯帕西娅三次生育时，每次橡树干都突然长出新枝，预示了每个婴儿的未来。第一枝长得很柔弱，不久便干枯了，这次生的女孩正是这种情形，一年不到，便死掉了；第二枝长得又壮又长，象征着巨大的成功；然而第三枝则更像一棵树。因此，据说他的父亲由于受到占卜的鼓舞，对自己的母亲说，她的孙儿将来能当上皇帝。可是他的母亲只是哈哈大笑，问为什么她自己还头脑清楚儿子却在胡言乱语。②

维斯帕芗的政治履历非常丰富，当过军团司令，做过财务官，后来又被选为营造官和大法官。据说在他担任营造官的时候，执政官恺撒对他不关心街道的清洁卫生十分恼怒，命令士兵往他的元老托加前襟里堆泥土。但是，后来有人把这件事解释成为吉祥的预兆，意味着

---

① 参见塔西佗：《历史》，王以铸、崔妙因译，商务印书馆 1981 年版，第 2 页。
② 参见[古罗马]苏维托尼乌斯：《罗马十二帝王传》，张竹明等译，商务印书馆 1995 年版，第 352 页。

在某天国家发生动乱的时候，国家会受到维斯帕芗的保护，就像泥土堆进他的怀抱一样。

不过他也经历了挫折，原因是尼禄皇帝在表演唱歌的时候他表现得不够尊重，并差点因此断送了仕途。公元67年，由于他没有威胁性的出身而被派去镇压犹太人起义。据说，有一位年轻的犹太人对当时已经58岁的维斯帕芗预言，继承尼禄之位的人是他以及他的子孙，不过维斯帕芗并未当真。这不仅是因为他的平民出身，更可能是他自己对于当时内战连连的罗马帝国并没有什么信心。不过在他请求神谕时，预言使他备受鼓舞：不管他的计划和愿望是多么大胆，神谕保证它们必将实现。

从出身来看，维斯帕芗成为皇帝似乎确实没有什么先天优势，但是却屡次在罗马出现过征兆。例如有一次他正在吃早饭时，一只野狗从十字路口叼来一只人手，并扔在他的餐桌底下。还有一次他在家里的庄园吃晚饭的时候，一头犁地的牛挣脱牛轭，闯入餐厅。仆人们一哄而散，突然牛四肢瘫软，跌倒在斜倚桌旁的维斯帕芗脚旁，在他面前弯下脖子。由于拉丁语中的人手（manus）也有权力的意思，所以罗马人都纷纷传说维斯帕芗继承帝位是神的意愿。

还有人说，尼禄死前不久也在梦中受到劝告，要他把至尊至大的朱庇特的神车从其所在的神殿运到维斯帕芗的家中去，然后再从那里运往大竞技场。而维斯帕芗自己也在梦里被预示，倘若尼禄掉了牙齿，他便可能成为皇帝，结果第二天就有人将尼禄的牙齿带到了他的面前。而且在贝特利亚库姆战役开始之前，大家看到两只鹰的厮斗，一只鹰斗败后，从日出方向突然飞来第三只鹰，又把胜利者赶跑了。后来这一切都应验了：公元68年年底，罗马首都发生动乱，尼禄自杀。之后权力更迭，维斯帕芗终结了帝国境内的叛乱，成为罗马的皇帝。他不仅因此拥有了至高无上的权力，而且修建了作为罗马永恒象征的竞技场。

公元 69 年，在埃及被拥立为皇帝之后，维斯帕芗自知是因为政治危机才侥幸获得君主之位，所以他并没有着急返回罗马，而是在埃及等待长子提图斯攻入耶路撒冷结束犹太战役。他清楚地知道自己需要为意外得来的皇位寻求一个恰当的解释。

这个时候发生了一件不可思议的事情。一天，维斯帕芗的军营外来了两个残疾人，一个是盲人，一个腿有残疾，他们来乞求维斯帕芗治好自己身上的残疾，因为他们在古埃及的神灵那里得到启示，只要维斯帕芗碰触他们的眼睛和腿，他们就能痊愈。维斯帕芗虽然对这种说法表现出极大的怀疑和不自信，但是在现场士兵的劝说下，他还是不得不表现出一个帝王应有的爱民之心和善良。在他的手碰到他们伤处的那一刹那，盲人居然睁开了眼睛，腿有残疾的人也能正常走路了。这个奇迹立刻传遍了整个埃及，人们都说维斯帕芗获得了"耶稣附身"的神力，将成为救世主。而且在同一时期，在阿卡迪亚的一个祭祀地，按照预言者的指示，挖出一些古制花瓶，瓶上有一幅画像颇似维斯帕芗。

根据历史学家的记载，维斯帕芗是一个比较务实的统治者，他当然知道这些预言只能够为自己的权力之路作铺垫，没有确实可行的管理措施，他很快就会像前面几位皇帝一样作为"罗马公敌"被赶下台来。

就其品性而言，维斯帕芗应该算得上是一位值得称赞的君主。首先，他是一个亲和宽厚的人，不仅从来不掩饰自己卑微的出身，相反还经常炫耀。而且，无论是对朋友的直率觐言，还是律师、哲学家的傲慢攻击，他都泰然自若。他缩衣节食、勤俭节约，促成了罗马在这个动乱世纪里的风气转变，因为那个时代对皇帝的尊敬而模仿他们的习惯要比法律上的惩罚和禁止更加行之有效。据说他在自己的妻子逝世之后也没有再娶，只是与自己的誊写员奴隶保持着情人关系，在自己的庄园里过着简朴的生活，并且从不拒绝接见平民。

在勤政方面，他也没有丝毫表现出怠慢。在他统治期间，没有什么事情比力图使已经遍体鳞伤、摇摇欲坠的国家安定、繁荣更加重要。

XIV.《维斯帕芗关于权力的法律》——君权法授

《凯旋仪式上的维斯帕芗与提图斯》(The Triumph of Vespasian and Titus)
[荷] 劳伦斯·阿尔玛－塔德玛（Lawrence Alma-Tadema）/ 1885 年 /
美国沃尔特斯艺术博物馆

他即位之后，进行了一系列的政治改革，以重建社会秩序。

首先，他自任监察官，重新登记与审查元老院贵族与骑士，罢黜当中的腐败分子，并从行省中遴选具有威望的人士进入中央。其次，他整顿军中纪律，借由惩罚和克扣赏银等方式，压制了士兵的跋扈气焰。他进行军队改革，将军团派驻在远离居住地的地方服役，避免当地政客从军团获取支持而夺权。同时，为了解决因内战而堆积的诉讼案件，维斯帕芗不拘泥于正常的程序，而是用抽签的方式选定一批特派专员，迅速解决案件，特别是归还战争期间被侵夺的人民财产，以使社会秩序尽快恢复。

另外，维斯帕芗为了填补空虚的国库，尽可能地开拓财源。他恢复了拍卖税，增加行省的税捐，增加各种服务项目的收费，并不吝开放官职的购买。至今还有很多欧洲国家的公共厕所前面写着"维斯帕芗"（vespasian）的字样，因为他开征了小便税，向收集公厕中的尿液用来去除羊毛油分的纤维业者收取。

今天我们再回过头来看，毫无疑问，是维斯帕芗力挽狂澜，为后面的五贤帝时代奠定了坚实的基础。但是为什么一个骑士阶层出身的军人，在那个奢靡成风、内忧外患的年代却成了一匹"黑马"改变了局势呢？在我看来，他在上台之前，就解决了一个关键问题，那就是权力从何而来。

早在公元前 27 年，屋大维就已经将国家权力交还给元老院和民众。所以维斯帕芗在返回罗马之前，帝国就已经不是"打天下坐天下"的霸权政体时代了，君权神授的封建时代也已过时，他需要一个更加具有稳定性和唯一性的理由来说明自己的权力来源，也需要一个能够稳定皇位和延续政治策略的规则来确保他的执政纲领得以彻底贯彻。这两点都体现在他颁布的一部法律中，即《维斯帕芗关于权力的法律》（Lex de Imperio Vespasianus）。他在法律中明确地规定了自己享有以下权力：代表罗马自主地决定国际事务，包括宣战、媾和或是缔结条约；召集主持元老院会议和提出君主谕令；推荐公共官员的优先权；向外扩延城墙的决定权；广泛的裁量权；免受惩罚权等君主特权；任职前决议的溯及力；等等。而且，这一切都像前面三位君主所合法享有过的权力那样，仿佛他只是将之前的君主制进行了延续，自己并没有额外扩张权力。而且在制裁条款中明确规定，他不会因为反对市民大会和元老院的决议而被追究责任或者是因为实施反对他们决定的政策而被弹劾，从而保障了自己皇位的稳定性，任何人不得觊觎。

《维斯帕芗关于权力的法律》文本 / 意大利罗马卡比多利奥博物馆 / 黄美玲摄

回顾这一个多世纪的早期帝国历史可以发现，罗马共和国的执政官、元老院和市民大会的模式更换为第一公民、元老院和市民大会的模式，但是在君主的威望日益提高的同时，元老院和市民大会却逐渐式微。在维斯帕芗之前的皇帝，基本上是国家授予其确定的权力，但元老院和地方行政官的式微和谄媚，使皇帝实际上拥有无限权力。确实，这种谄媚并非完全是元老院的错，因为已经没有一位元老的生活是安全的。如果皇帝对某个大臣表示了不满，这个人回到家写下恭维的遗言，表明把所有的东西遗赠与统治者，然后割开自己的血管自杀是常有的事，这种情况不可避免地导致了独裁。

同时，维斯帕芗还设立了继承人制度。虽然，早期罗马帝国的皇帝们还顶着"第一公民"的帽子，但是君主制已经逐渐成为一个公开的事实。公元69年"险些成为帝国的最后一年"的根本原因是皇位的争斗。罗马帝国的继承变成了一种抢夺，最强健的或最幸运的或最肯付出代价的行贿者往往会赢得胜利。在还没有回到罗马之前，维斯帕芗便派自己的助手在元老院宣读了自己的倡议："皇位继承人问题无非就是要么承认我两个儿子的继承权，要么就倒退回到无政府的状态。"

无论历史学家们对维斯帕芗作出何种评价，贪婪也好，节俭也罢，也不管他是被敬仰为结束内战的一代枭雄，还是被谴责为帝制的独裁者，任何人都不可以否认，维斯帕芗主宰了自己的时代，而且巩固了罗马的帝国政制。这一切的根本原因，得益于维斯帕芗清楚地知道：无论何时何种政治形态，权力只可能来自于人民。而他明智地通过元老院决议的方式提出这种授予自己至上权力的法案，以民主的名义解决公共权力的来源问题，成为后来所有统治者宣称统治权的典范。

XV 我们都是罗马人——《卡拉卡拉敕令》

《卡拉卡拉浴场》（The Baths of Caracalla）
［荷］劳伦斯·阿尔玛-塔德玛（Lawrence Alma-Tadema）/1899 年 / 私人收藏

虽然斯巴达和雅典拥有强大的军事力量,可仍终究难逃亡国的命运,难道不正是因为他们顽固地将被征服者当作外邦人看待么?相反,我们的建国者罗慕洛斯却非常智慧,在一天之内战胜并且同化了一个民族!很多外邦人曾经是我们的国王,被解放的自由人的孩子可以担任官职,这在古罗马屡见不鲜。

——塔西佗:《编年史》

在意大利那不勒斯市市中心的国立考古博物馆的一个房间里陈列着古罗马所有皇帝的塑像，其中有一位眉头紧锁、服饰与众不同的皇帝格外引人注目，一不留意与他对视，似乎能从他犀利的眼神中瞬间感受到刺骨的阴冷。这位皇帝就是传说中的"卡拉卡拉"，一位在所有的法学家看来对罗马法的身份制度作出了杰出贡献的人，因为是他使得罗马境内的所有人都成为罗马公民。

现在的我们，当然很难想象所谓的"市民权"有多么重要，甚至可能认为大致相当于现在的国籍，影响公法上的一些权利罢了，例如公法上的表决权和任职权，等等。然而，古罗马法中罗马公民所享有的"市民权"，却更多的是享有私法上权利的保障，例如：通婚权、通商权、订立遗嘱权、接受遗赠权等。

实质上，"公民"在古代社会是一个与宗教相关的概念，在希腊文中应该是"共同祭祀"或"分享神圣与世俗之事"的意思。享有此种权利的人，便能够参加城市的祭祀活动，向城中的诸神献祭和祈祷，从而获得神的保护。后来，这种神圣的祭祀仪式的仪式规则慢慢演变为法律，"公民权"就成了一种能够获得城邦法律保护的准入资格。

原始的城邦国家都非常吝啬将公民权利分享给其他人，在他们看来，城墙边界之外的人都是敌人。只有古罗马人在国际关系问题上，如历史上的一股清流，显得格外宽容。这可能与他们朴素的公民观念相关，因为在他们看来，国家不过是氏族的联盟，又或者是因为罗马人骨子里的农民和士兵情怀，热情好客是他们的本性。在公元前5世纪的《十二表法》中就规定了"向外邦人提供的追夺担保是永久的"

(Tab.6.4)①，换言之，虽然外邦人不受罗马市民法的保护，但是也并不是罗马的敌人，而且允许外邦人与罗马市民发生贸易关系。

在共和国时期，产生了与市民法相对的"万民法"，也就是适用于罗马人与外邦人或者外邦人之间的法律，并且承认他们具有一种有限的权利能力（例如交易权），甚至为他们设置了专门的外审裁判官对"涉外"纠纷进行审判。

布匿战争以后，外邦人不受法律保护的局面开始发生改变，罗马人开始将市民身份授予波河平原的高卢人。拉丁盟邦的公民开始逐渐获得罗马公民身份。到了称霸地中海的帝国时代，面对雨后春笋般出现的行省和殖民地，罗马人更是表现出了一个大国公民应有的风度和胸怀：只要你愿意而且能够按时按量地交税和服兵役，欢迎你成为罗马的成员，我愿意与你分享我所拥有的一切权利（选举权和被选举权、交易权、通婚权，等等），而且我还将像你一样在我的神殿里供奉你的神。处于鼎盛时期的罗马帝国之市民权，对于所有殖民地的异邦人来说，不仅是一种身份的认同，更是富裕安稳生活的保障。

而这种市民与外邦人的二元制社会身份结构，在公元212年根据卡拉卡拉皇帝颁布的一则谕令而彻底终结。乌尔比安在其《论告示》第22编中写道："根据安东尼皇帝的谕令，生活在罗马境内的每个人都成为了罗马市民。"②（D.1.5.17）

让人感到蹊跷的是：为何这么重要的一则谕令在罗马法学家的笔下，通常就以简单的一句话——作为古罗马法上身份制度的终结——一笔带过？为何作出如此巨大贡献的皇帝，却几乎没有史学家专门为其歌功颂德？即使是对这则法令本身，也缺乏应有的尊重和关注？虽然卡拉卡拉为罗马人民修建了巨大的公共浴场，其雄伟壮观至今还让

---

① 《〈十二表法〉新译本》，徐国栋、阿尔多·贝特鲁奇、纪蔚民译，载《河北法学》2005年第11期。
② ［古罗马］优士丁尼：《学说汇纂（第一卷）：正义与法·人的身份与物的划分·执法官》，罗智敏译，中国政法大学出版社2008年版，第101页。

前往罗马的游客驻足流连,可历史上的卡拉卡拉似乎却并不怎么招人待见,不仅在众多的历史学家笔下成为残忍冷酷的反面教材,甚至还被人们编排成戏剧进行嘲讽。

我们有必要先来了解一下这位卡拉卡拉皇帝。

卡拉卡拉皇帝原名叫卢基乌斯·塞普提米乌斯·巴西亚乌斯,在他7岁的时候被他的父亲塞维鲁更名为马尔库斯·奥列里乌斯·安东尼努斯。像大多数中国父母喜欢为后代改名以图后代平安健康或者是有个美好前程一样,塞维鲁希望儿子不因为行省公民的出身和骑士的身份影响继承皇位。他甚至不惜将自己的儿子的姓氏改为两位有着良好声誉的已经过世的皇帝庇护和奥列里乌斯的姓氏"安东尼努斯",仿佛从此卡拉卡拉不仅有了贵族的血统,而且会像那两位皇帝一样受到罗马民众的爱戴。所以,无论是卡拉卡拉浴场还是卡拉卡拉敕令(Constitution Antoniniana de Civitate),实际上真实的冠名都是"安东尼"的姓氏。

而"卡拉卡拉"则是一种带有头巾的高卢斗篷的名称,由于他自幼便跟随父亲在其派驻地高卢长大,所以即使在回到温暖的罗马之后仍然习惯穿着这种适合寒冷气候的外套。① 这种充满异国情调的斗篷,是用小布条缝制而成的,卡拉卡拉非常喜欢这种衣服甚至将其定为军队中的常规礼服。由于他把这种样式带到了罗马,所以人们就给他取了这个绰号。

《罗马史》② 中这样描述着卡拉卡拉:

> 安东尼有三个民族的血统。但他没有这些民族的任何优点,反而集合了这些民族的所有缺点:高卢人的胆小、怯懦和鲁莽,非洲人的冷酷和残暴,还有叙利亚人的狡猾——这是从他母亲那

---

① 参见[古罗马]埃利乌斯·斯巴提亚努斯等:《罗马君王传》,谢品巍译,浙江大学出版社2017年版,第194页。
② Dio Cassius, *Roman history*, London: Harvard University Press, p.78.

里继承来的。[1]

非洲血统来自于他父亲塞维鲁。这位皇帝对于罗马法学家而言，一点也不陌生，因为在他的时代，甚至产生了塞维鲁学派。这位皇帝出生于罗马帝国的阿非利加行省（今利比亚境内），骑士阶级，历史学家评价他是"非罗马式的专制君主"。他非常喜爱研究巫术和占卜，能够详尽解说各种梦境和预兆，而且精通星象和手平之学。他的母亲出生于叙利亚，家族世代都是神职人员。塞维鲁是在叙利亚从军时娶的这位妻子。虽然受到元老院的排斥，但这位妻子跟随丈夫来到罗马之后，远离歌舞升平和政治军事，广交文人墨客，从容地回应了元老院的非议与指责。

塞维鲁上位之后，立即要求元老院承认卡拉卡拉为"既定皇帝事务参与者"（Imperator Disignatus），这使得当时还只有 8 岁的他早早地就拥有了在元老院会议上发言的权力。卡拉卡拉 14 岁时与近卫军团长官之女结婚，这时候的他已经铆足了劲，希望尽早当上皇帝，实现自己的政治抱负。不过，塞维鲁却有意安排卡拉卡拉与弟弟盖塔二人进行共治，这一想法打破了卡拉卡拉独揽大权的幻想，所以卡拉卡拉没有等到父亲去世便试图篡位。

公元 210 年，一次塞维鲁带卡拉卡拉及自己的精英军队骑马去会见喀里多利亚的军队讨论休战协议。当时塞维鲁虽有腿伤但仍走在队列的最前端，卡拉卡拉和军队其他随从紧随其后。当队列正在向前行进时，卡拉卡拉突然拉住缰绳拔出剑，准备朝他的父亲刺去。一旁的人看到这一幕发出了尖叫，塞维鲁转过身看到了卡拉卡拉手中的剑，卡拉卡拉只好放弃行动。不过，塞维鲁当时一句话也没有说，只是在与对方的会谈结束后，才将帕比尼安、卡拉卡拉和近卫侍卫官叫到自己的寝室。他当着亲信帕比尼安的面，指着桌上的剑对卡拉卡拉说：

---

[1] Dio Cassius, *Roman history*, Harvard University Press, p.279.

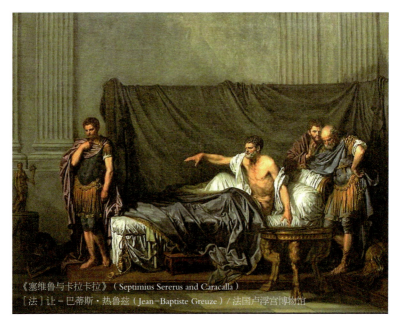

《塞维鲁与卡拉卡拉》（Septimius Sererus and Caracalla）
[法]让-巴蒂斯·热鲁兹（Jean-Baptiste Greuze）/法国卢浮宫博物馆

最左边的一位是鼎鼎大名的法学家帕比尼安。出于正义，帕比尼安不愿意听从卡拉卡拉的安排，掩藏他杀死盖塔的真相，而被卡拉卡拉杀死。

你既然有胆量当着敌人的面试图刺杀我，那现在就拿起这把剑了结我的生命吧！① 此时的塞维鲁表现得更像一位父亲而不是一位君主，因为他知道，处死儿子会使得这个帝国落入旁人之手，他几十年的心血将付诸东流。

不过，卡拉卡拉并没有因为父亲的训斥而有所收敛。他登上皇位之后，流放了妻子及妻弟，甚至杀死了与他一起成为"共治皇帝"的弟弟盖塔。盖塔与哥哥性格迥异，性情温和且谦卑，所以给人没有能力的感觉，卡拉卡拉经常嘲笑弟弟的软弱。两人继承皇位从高卢回到

---

① 参见［古罗马］埃利乌斯·斯巴提亚努斯等：《罗马君王传》，谢品巍译，浙江大学出版社2017年版，第235页。

罗马后,在卡拉卡拉的提议下,两人将偌大的皇宫一分为二,两个区域之间杜绝往来并且采取军事防范。而且卡拉卡拉甚至提议:以博斯普鲁斯海峡和利比亚沙漠为界,将帝国一分为二。卡拉卡拉把控罗马的欧洲部分和迦太基,盖塔主宰亚历山大里亚和安条克。他们的母亲刚失去丈夫,自然不希望看到国家立即陷入分裂的状态,强烈表示反对并且要求两兄弟到她的寝宫见面。

按照《奥古斯都君主传》(*Historia Augusta*)中的记载,两兄弟先后来到母亲的寝宫,可是卡拉卡拉却当着母亲的面,杀死了自己的弟弟盖塔并且命人立即火化他的尸体。

随后他对宫内的人宣称,盖塔企图投毒谋害他并且对母亲表现得极为不尊重,所以宣告其为全民公敌,对其处以"记录抹杀刑"

《盖塔之死》(The Death of the Geta)
[法]雅克-奥古斯丁·帕如(Jacques-Augustin Pajou)/1788年/德国斯图加特国家美术馆

（damnatio memoriae），下令销毁所有全家福中盖塔的形象。①

根据马基雅维利的记载，卡拉卡拉的暴虐让人瞠目。他竟然还将一大部分的罗马居民处死，并且屠杀了亚历山大里亚城的全部居民，从而被全世界憎恨，以至于最后他也是被一位与其有杀兄之仇的百夫长所杀。但是，如此自私凶残的一位君主，怎么可能将公民权授予外邦人，表现出似乎不应该出现在他身上的气度？

我们再回过头来读读他的这则谕令：

> 上天掌管着世间万物运行的规律。作为罗马的帝王，我受到上天的庇佑，逃过了命中的劫数。我将带领罗马的臣民，带领着

塞维鲁全家福（盖塔的头部被抹除）/2 世纪 / 德国柏林艺术博物馆

---

① 参见［古罗马］埃利乌斯·斯巴提亚努斯等：《罗马君王传》，谢品巍译，浙江大学出版社 2017 年版，第 233 页。

罗马，走向繁荣昌盛，以感激不朽天神的伟大。因此，我授予罗马境内所有自由人以罗马公民权，以彰显罗马公民的伟大，但那些卑劣者不配享有此权利。我与我的臣民应当有福同享、有难同当。自此，罗马的土地上人人享有罗马公民权。古今中外，唯有罗马优胜至此。①

狄奥尼修斯在《罗马古代史》中指出，卡拉卡拉的这项政策主要是为了促进税收的增加。"至于税收，他（安东尼努斯）颁布了新税法，以十分之一税代替原有对释放奴隶、馈赠财产和继承遗产时所征收的二十分之一税，并废除了亲属继承财产的免税权，这就是他将罗马公民权授予帝国境内所有人的原因。表面上他是授予他们荣誉，实际上

纸莎草文献吉森 40 号（Pap. Giss. 40）记载了《卡拉卡拉敕令》
公元 211 年—公元 215 年 /2009 年出土 / 德国吉森大学图书馆

---

① 参见我指导的本科生论文：杨馨莹：《安东尼努斯敕令研究》。该论文获 2019 年曾宪义先生法律史奖学金优秀学士论文奖。

是为了增加自己的收入，因为外邦人无须缴纳上述大部分的税收。"①不过，日本学者盐野七生并不赞成此种看法，她认为是与卡拉卡拉同时代的历史学家卡西乌斯·狄奥的这种判断造成了后世历史学家的偏见。②但是需要注意的是，在推行全境公民权之前，市民与非市民本质上已经只在税收和兵役上存在差别。通商、交易等权利早就已经普及。卡拉卡拉此时推行公民权，其实目标非常明晰：享出征凯旋之乐、纳帝国民众之赋税。也就是说，与其说卡拉卡拉是想让行省居民获得梦寐以求的"公民"身份，还不如说他是"挂羊头卖狗肉"，实际目的是为了扩大自己的军事力量和增加国库的财政收入，以实现自己成为像亚历山大大帝之类的伟人的野心。而且事实上，卡拉卡拉在位期间的军团士兵人数较其父亲在位时增长了一倍，并且他在213年就带兵出击日耳曼族。而支撑他庞大军费开销的，正是他随后扩展的公民税收。

  所以，这部敕令实际上并没有使卡拉卡拉在政治上获得赞誉，反而搬起石头砸了自己的脚，与他那些不力的经济政策一起，使3世纪的罗马陷入了严重的经济危机。这可能才是在他死后不到两年这则谕令就被废除、历史学家不愿意对其花费笔墨的真实原因。在法学世界里，《卡拉卡拉敕令》成为常识，也只是无心插柳柳成荫的意外惊喜。

  无论如何，以法律制度发展史的角度来看，卡拉卡拉的这则谕令充满了罗马统治者的智慧。这种智慧，早在罗马的建城者罗慕洛斯身上就出现了，因为他带着一群来自四面八方的流浪汉建立了罗马城，又通过授予公民权收服了萨宾人，在一天之内将那么多对他抱有敌意的人变成了罗马公民。这种智慧，执政官克劳迪提到过，他认为斯巴达和雅典人虽然拥有强大的军事力量，但是仍然走向了毁灭，原因正是他们把被征服者当作外人看待。这种智慧，在卡拉卡拉这里被运用

---

① Dio Cassius:，*Roman history*，Harvard University Press.
② 参见[日]盐野七生：《罗马人的故事XII：迷途帝国》，朱悦玮译，中信出版社2011年版，第20页。

到极致，他把罗马帝国境内所有的人都变成了罗马人。这种智慧，就是罗马人的包容智慧，罗马人的普世智慧。他们以极其包容的心态对待外邦人和外来文化，在解决殖民和同化异族的问题上，罗马人不仅从不迫使外邦人接受自己的政治理想，反而尽可能地尊重他们原本的风俗和生活习惯，从而出其不意地收获了文化大融合的盛世繁荣，在众多的行省和殖民地中悄无声息地完成了罗马化的进程，最终成就了地中海霸业。

卡拉卡拉浴场外景图 / 黄美玲摄

XVI 基督教合法化
——《君士坦丁敕令》

[意] 拉斐尔（Raffaello Sanzio）/ 梵蒂冈博物馆君士坦丁室壁画全景 / 约 1519 年左右

整个世界的主宰——上帝,当时便是以这样的一种方式、根据自己的意愿选择了君士坦丁,作为全人类的统治者和管辖者。

——尤西比乌斯:《君士坦丁传》

从罗马往 Eur 新区走大约 20 分钟的车程，就可以到达一座非常著名的天主教教堂"三泉修道院"。若不是刻意寻找，甚至很难发现那已被树林遮掩的入口处及后面的三座偏僻寂寥、简朴幽静的教堂，其中有一座教堂就建立在圣保罗的殉难之地，即"三泉修道院"，也被称为"三泉圣保罗堂"。

按照教堂中的历史记载，公元 67 年 6 月 29 日，使徒保罗在这里被斩首。教堂里大理石的框缘上记载着这段美丽的传说："圣保罗的头颅落地，弹起三次，撞击地面，每个落地点都奇迹般地涌出一股清泉。"据传，这些涌出的水在很长时间里都被分给信众祛病消灾，因此被认为是神奇的水。后来因为污染而被关闭。这一章我们就来讲讲基督教与罗马人的相爱相杀。

实际上，最早的基督教徒认为自己只不过是犹太教的一个分支，因为他们的信仰并不否定犹太教，只是相信弥赛亚的时代已经最终到来。两教之间也有一些实质性的区别，比如基督教不像犹太教一样，允许商人在教堂里进行买卖。而犹太教的当权者认为，这位耶稣先知是反对犹太人的上帝的，因此必须被消灭。公元 1 世纪的罗马刚刚经历了政体的更迭，元老院一致的政策是尽可能在不动武的情况下促进统一。他们并不想惹怒殖民地上的犹太人，更何况他们自己的多神信仰也与基督教的一神信仰格格不入。

公元 30 年左右，罗马帝国的第二任皇帝提比略让元老院提议把基督教也纳入万神殿，因为能否被请进万神殿是一种对神的身份的认可，意味着这一宗教是合法宗教。著名的"万神殿"就坐落在罗马城正中心的鲜花广场，现在仍接受世界各地人民络绎不绝的瞻仰。"万神殿"，顾名思义是所有神之住处，安放着所有罗马人信仰的神。罗

三泉修道院(Abbazia delle Tre Fontane)/黄美玲摄

三泉修道院喷泉

马人一直以"宽容"著称,常常以万神殿来证明自己的慷慨精神。他们每征服一块领土,都把当地人民的神请回来作为自己的神进行供奉。不过,提比略的提议很快遭到了拒绝。理由是万神殿是所有神聚居的地方,只信仰一个神的宗教与这里格格不入。

对于那时候的罗马人来说,基督教是一个非常危险的团体。保罗和彼得建立的这个小的群体,一直过着与世隔绝的生活。他们从来不参与公共活动和罗马的祭祀仪式,只在偏僻的地方进行自己的宗教活动。但是这种神秘性加上基督教的圣餐仪式,因此有传言称,基督教徒杀害幼童,喝他们的血吃他们的肉,并且聚众通奸乱伦。甚至有异教徒指出,自从基督教出现以后,众神就不再守护人类。整个世界充满瘟疫、战争、饥荒、干旱、冰雹、蝗虫等灾难,同时又面临蛮族攻击。

而让罗马官员更加不安的是另外两个因素:一者,基督教建立在仁爱的基础之上,他们认为所有的人都是兄弟姐妹,但当时处于奴隶制社会的罗马帝国遍地是被视为"物"的奴隶。基督教徒在穷人中宣扬"上帝救世"的福音,严重地动摇了下层民众对贵族统治的顺从之心。二者,对于一个靠武力建立起来的帝国来说,宣扬"博爱"的基督教完全有可能从根本上腐蚀掉战士们的英勇斗志。最重要的原因则是,基督教只有一个神,他们不可能接受罗马的众多神灵,也不可能崇拜自己的皇帝。犹太行省的执政官彼拉多在耶路撒冷犹太祭司的强大压力下将耶稣钉死在十字架上。

彼拉多在写给提比略的信件中提到,他判处了耶稣死刑,因为他是一个新的神,而且还说自己是上帝的儿子,并且提到了新的宗教基督教。不过,这并未能影响没有合法身份的基督教在罗马的传播。相反,在耶稣去世之后,更多的人加入了这个团体。

公元 64 年,罗马城的一场大火烧了 6 天 7 夜,罗马 14 个城区有 10 个城区被烧为灰烬。当时流行的传言是皇帝尼禄下令烧毁罗马,以便他可以按照自己的心意建立一座新城,随后他确实在这片烧焦的土

万神殿外景 / 徐育知摄

地上建设了"黄金屋"（Domus Aurea）和花园。狡诈的尼禄为了转移人们的注意力而嫁祸给基督教徒，因为在没有被大火烧毁的城区中，有两个城区住着很多基督徒。尼禄宣称基督教徒因为不满于自己的神未能安放在万神殿而报复放火，从而开始了对基督教的迫害。基督教徒被控告纵火，那些公开表达过自己信仰的人都被抓捕和审查。实际上，早在公元前449年颁布的《十二表法》和公元前81年的《科尔内利法》中就规定了，纵火要被处以死刑。非基督教徒会被处以砍头，而基督教徒则要被火烧、钉十字架或者是与牲畜决斗。

罗马政府对待基督教徒的态度，由先前的冷漠逐渐转化为仇恨。基督教徒像耗子一样被关进监牢，接受残酷的刑讯逼供。基督教徒被大规模的残害，刑罚惨不忍睹，冤屈前所未闻。当时出现了一种斗兽场的刑罚，那就是逼迫基督教徒穿上兽皮，把他们赶入斗兽场与一群野兽进行搏斗，结果自然是被活生生地撕咬而死，又或是被火烧死。传说尼禄让人把基督教徒绑在用干草制作的十字架上，制成火把，排列在自己坐落在梵蒂冈山上的花园中，然后在入夜时燃烧，从而为自己的花园照明。基督教的十二门徒在此期间纷纷殉道而死。

在长达3个世纪的时间里，基督教徒受到了各种迫害。当时罗马的法律"禁止秘密集会结社"，以此为依据阻止基督教教徒结社。图拉真皇帝时期，凡是接到举报某人是基督教徒，便会要求嫌疑人向皇帝滴血献祭，以示清白。

有这样一个故事。图拉真皇帝派小普林尼治理比提尼亚，小普林尼在处理基督教徒的问题上比较谨慎，他写信给图拉真说："尊敬的皇帝，遵循惯例，我每遇疑难必请您求教……我以前从未审理过有关基督徒的案件，故不清楚如何定他们的罪，也不知如何惩处他们……对于被控告为基督教徒者，我现在的措施是这样的：任何被揭发为基督徒的，我便质询他们是否为基督教徒，若他们供认不讳，我便以刑法恐吓他们，然后再次审问，假若他们冥顽不化坚持称自己是基督徒，我便下令将他们处以死刑。"图拉真则回复小普林尼说："你处理揭发基督徒案件的做法非常正确。如果被证明有罪，确当惩处；对于那些否认自己是基督徒的，如能证实，悔过之后应当宽恕。"（Plin. EP. 10.96）

这道谕旨使得对基督徒的迫害普遍化、系统化。因为当时的罗马将崇拜皇帝视为维系国家统一、考验人民是否忠诚的一种手段，若拒绝在皇帝像前焚香，就可以判定他们对皇帝不忠和煽动叛乱。因此，基督教徒的身份就是一种犯罪，这种迫害在戴克里先时期达到极致。这位帝国历史上第一位佩戴皇冠的帝王借助诸神的力量一手创造了专制的君主政体，几乎摧毁了帝国上下所有基督教会的建筑和《圣经》，并且勒令所有的基督教徒向异教诸神献祭。对基督教徒的迫害甚至被

《基督教徒最后的祈祷》(The Christian Martyrs' Last Prayer)
[法] 让-里奥·杰洛姆(Jean-Léon Gérôme)/1883 年 / 美国沃尔特斯艺术博物馆

《尼禄的火炬》(Nero's Torckes)
[波兰] 亨利克·西米拉兹基(Henryk Siemiradzki)/1876 年 / 波兰克拉科夫国家博物馆

定义为"以基督教的名义发起的战争"。

在三个世纪的时间里，惨遭迫害的基督教徒宁可殉教，也不愿意改变自己的信仰。基督教不仅没有被镇压下去，反而得到了广泛的传播，从而使罗马成为了基督教的中心。公元1世纪末的时候，已经有许多上流社会的达官显贵开始对基督教的学说产生兴趣。同时，也有许多不愿向古老的罗马神祇献祭以示效忠帝国的人被处死。

在过去三个世纪的统治中，人们看到的只是日趋堕落的罗马。年富力强的青年很难在军队或者政府获得机会，严重的社会动荡、生活的残酷不公、内心的痛苦无助，为人们带来了无尽的恐慌，相反，基督教的教区为他们提供了精神的庇护所。基督教教义所宣扬的"地上的时间很短，如果你表现得好，你死后会去天堂"，让众多不幸的平民看到了希望。在分崩离析的社会中，贵族和平民都在同样渴望得到救赎。

当罗马皇帝搬离台伯河畔的时候，教会的主教大人们已经成为社会上最有影响力的人物。4世纪初的罗马，虽然已不再是西方世界的政治中心，罗马的主教们却使罗马成为西方世界的精神领袖。作为帝国之中仅存的一支组织完善的社会力量，帝国皇帝也需要他们的支持才能在意大利半岛维持他们表面上的威望。

公元311年加勒里乌颁布的《加勒里乌敕令》（Editto Galerio）开始改变基督教徒的命运，他在一场疾病之后宣布宽恕基督教徒，允许他们再次成为基督徒，允许他们再次在他们的聚会场所聚会，只要他们不妨碍公共秩序。

不过，真正改变基督教命运的是君士坦丁大帝。这位皇帝的父亲在拥有大量基督教徒和太阳神崇拜者的军队中也颇受爱戴，因此在他父亲过世的时候，军队中的士兵拥护他成为"奥古斯都"，西部的实际统治者。但是他当时面对的却是四位强大的对手。虽然他体格强健，但是内心却非常脆弱。

传说是一场著名的战役——米尔维安战役——改变了他的信仰。公元 3 世纪初，君士坦丁意识到罗马帝国的帝都受到了暴君马克森提乌斯的奴役和压迫，于是他准备推翻暴君的统治。不过，他需要有一位神来帮助他，因为他认为只有从神的帮助中获得的力量才是不可抗拒和所向无敌的。在深思熟虑之后，他选择了上帝。按照尤西比乌斯的记载：

> 大约在正午时分的时候，日头即将由东边转向西边，他说他亲眼看到，在天空中，有一个十字架形状的饰物从亮光中生成，饰物上显示"凭此克敌"的警示。他以及他的士兵都感到非常惊讶，他们一起见证了这个奇迹。不过他当时并没有弄懂这句话的意思。直到他当晚睡着以后，梦里他看到基督带着中午所显现的那种饰物告诉他，要制作一套像那种饰物一样的武器，来与敌人斗争，他才明白上帝在告诉他如何获得胜利。①

于是，他制作了一种十字架军旗，现在被罗马人称为"labarva"旗，一根长长的杆子上横架着一个短棒，构成了十字架的形状。在顶端花冠中，有两个字母，是希腊文的"基督"——XP。君士坦丁在这种武器的帮助下，大获全胜。他把胜利归结为十字架的启示。②

公元 313 年，君士坦丁和东部皇帝李锡尼联合颁布了《君士坦丁敕令》，也称为《米兰敕令》，承认基督教是合法宗教，结束了对基督教的一切迫害。很多人都认为这是因为他受到了神的感召，实质上，君士坦丁颁布《米兰敕令》的目的并不是为了让所有的人都有宗教信仰的自由，真实的政治原因是：在过去的三个世纪里，基督教传播的速度如此之快，大部分士兵都已经信仰基督，君士坦丁需要士兵守护他的政权，帮助他统一整个帝国。君士坦丁直到临终时才肯接受洗礼

---

① ［古罗马］尤西比乌斯：《君士坦丁传》，商务印书馆 2015 年版，第 186 页。
② 参见［古罗马］尤西比乌斯：《君士坦丁传》，商务印书馆 2015 年版，第 188—189 页。

《十字架显圣》(The Vision of the Cross)
[意] 拉斐尔(Raffaello Sanzio)/1520 年—1524 年 / 梵蒂冈城使徒宫

《米尔维安大桥战役》(The Battle of Constantine against Maxentus)
[意] 朱利奥·罗马诺(Giulio Romano)/1520 年—1524 年 / 梵蒂冈城使徒宫

或许可以说明他并不是真正信仰基督，何况他还杀死了他的长子和妻子。他只是顺应了政治需要。他或许从戴克里先身上读懂了顺势而为的道理，也或许是几次战争中的神助让他不敢以怨报德。他保护宗教的政策不仅稳定了军心，而且鼓舞了士气，军团史无前例地具有凝聚力。他借助"上帝的庇护"所向无敌，基督教成为他维护皇帝集权的工具。

君士坦丁使基督教合法化也绝不是为了使其成为正式的国教，但是他制定的法律和其他政策都有力地促进了基督教的发展。显而易见，在他统治期间改信基督教的官员会增大在政治上谋到高官显位的可能性。他颁布法令免去基督教会神职人员的税务和兵役，但在那之前，多神信仰的祭司们早就如此，君士坦丁也同样免了犹太拉比的税务和兵役。换言之，君士坦丁只是扶持基督教，但

《君士坦丁的梦》（The Dream of Constatine）
［意］皮耶罗·德拉·弗朗西斯卡（Piero Della Francesca）/1464 年 / 意大利阿雷佐圣弗朗西斯大教堂

并没有苛待其他的合法宗教。在不到一百年的时间里，基督教就从少数人的宗教变成地球上最大帝国里政治势力居支配地位的法定宗教。显然，君士坦丁是欧洲史上最重要的关键人物之一。这位皇帝因为承认基督教为合法的宗教而获得了"大帝"（Magnus）的称号。

XVII 从法律到法典
——《狄奥多西法典》

CODEX THEODOSIANVS

CVM
PERPETVIS COMMENTARIIS
IACOBI GOTHOFREDI
VIRI SENATORII ET IVRISCONSVLTI SVPERIORIS
SECVLI EXIMII.
PRÆMITTVNTVR
CHRONOLOGIA ACCVRATIOR
CHRONICON HISTORICVM ET PROLEGOMENA
SVBIICIVNTVR
NOTITIA DIGNITATVM, PROSOPOGRAPHIA, TOPOGRAPHIA
INDEX RERVM ET GLOSSARIVM NOMICVM.
OPVS POSTHVMVM DIV IN FORO ET SCHOLA
DESIDERATVM, RECOGNITVM ET ORDINATVM
AD VSVM CODICIS IVSTINIANEI
OPERA ET STVDIO
ANTONII MARVILLII
ANTECESSORIS PRIMICERII IN VNIVERSITATE VALENTINA
EDITIO NOVA
IN VI. TOMOS DIGESTA
COLLATA CVM
ANTIQVISSIMO CODICE MS. WVRCEBVRGENSI
ET LIBRIS EDITIS
ITERVM RECOGNITA EMENDATA
VARIORVMQVE OBSERVATIONIBVS
AVCTA
QVIBVS ADIECIT SVAS
IOAN. DAN. RITTER, P.P.

LIPSIÆ
SVMPTIBVS MAVR. GEORGII WEIDMANNI
MDCCXXXVI.

《狄奥多西法典》扉页 /1745 年版本 / 意大利最高法院图书馆藏本

此外，若未来我们在这个亲密团结的帝国的某部分颁布任何法律，只要它不是保护私益或不诚，它都应在帝国的另一部分生效。但是它应当从颁布的地方以帝国官方文书的方式传达，在另一部分的官邸被接受并以告示的适当形式予以公布。我们保有对所颁布的法律进行修订与废除的权力。法律的颁布应当得到相互的公告，否则不被承认。

——《狄奥多西法典》

如果不是因为学习了法律，一般人对狄奥多西王朝的关注应该仅仅停留在狄奥多西一世，因为是他将基督教定为国教从而被称为"大帝"。狄奥多西一世原本并非基督教徒，但是在30岁出头时生了重病，受洗之后皈依基督教，大病痊愈之后成为虔诚的基督教徒。随后，他又在米兰主教安布罗斯的影响和协助下陆续颁布了一系列与宗教相关的"狄奥多西谕令"，打压异教和异端。这些谕令所涉及的内容非常广泛，包括：关闭所有罗马神庙、拆除罗马元老院的胜利女神祭坛、禁止古罗马传统宗教的献祭典礼、将古罗马宗教圣日变更为工作日、熄灭奥林匹克之火（因为奥林匹克运动会是献给众神之王朱庇特的）、惩罚异教等。

虽然现在米兰大教堂里面仍然收藏着狄奥多西一世公开忏悔的壁画，但是巴黎的卢浮宫内的却是狄奥多西二世皇帝的雕像。或许是因为专业的偏好，我觉得原因应该是后者颁布了罗马法历史上的第一部官方法典。

狄奥多西二世是狄奥多西一世的孙子，401年4月10日出生于东罗马帝国君士坦丁堡，402年1月10日就被父亲指定为共治者，408年成为东罗马帝国的皇帝，408年至450年在位。对，没错，他7岁就登基了，所以他的童年几乎是在学习行政管理中长大的。他有一个姐姐叫普尔克尼娅，是一位虔诚的宗教信仰者，但是同时又是一位非常强势的女性，这两个特征都对狄奥多西的执政性格产生了重要的影响。后面我们可以从他的法典中看到，他一直在寻求革新与独立，但又从未能摆脱宗教与官僚主义的束缚。

狄奥多西二世20岁的时候，与雅典女诗人特娜依德结婚。她很漂亮，有涵养，而且能说会道，她与狄奥多西二世在421年6月7日

XVII. 从法律到法典——《狄奥多西法典》 209

《圣安布罗斯阻止狄奥多西皇帝进入米兰大教堂》(Saint Ambrose Forbids Emperor Theodosias to Enter Milan church)
[荷]彼得·保罗·鲁本斯(Peter Paul Rubens)/1615年—1616年/奥地利维也纳艺术史博物馆

图中身为罗马皇帝的狄奥多西衣着朴素,向身着华丽披风的主教安布罗斯"公开忏悔",充分体现了两者当时的优劣势。

狄奥多西二世的姐姐普尔克尼娅 / 古罗马钱币

完婚,并且接受洗礼,成为基督教徒,取名欧多西雅。

欧多西雅与狄奥多西起初非常恩爱。但是因为一个美丽的苹果婚姻走向破裂。《历代拜占庭历史学家手稿》(*Corpus Scriptorum Historiae Byzantinae*)中记载了这个故事:

> 有人向狄奥多西皇帝进献了一只巨大、美丽的苹果。皇帝命人将他送给心爱的皇后。皇后觉得这只苹果大得有些失真,便送给了帮助自己当上皇后的帕乌里努斯(Paulinus)法官。帕乌里努斯法官并不知道苹果从何而来,所以殷勤地送给了皇帝。皇帝一下认出了这只苹果,藏起来并叫皇后过来问话。皇后发誓说自己吃下了这只苹果。于是狄奥多西拿出苹果,生气地询问苹果为什么会到了帕乌里努斯的手上。欧多西雅面对愤怒的皇帝,无言以对。后来,帕乌里努斯被杀,而欧多西雅皇后则去了耶路撒冷。余生的17年,她都在耶路撒冷度过,主持修建了很多建筑和城墙。不过,她博学多才,对狄奥多西影响很大。①

---

① Corpus Scriptorum Historiae Byzantinae,v.2663 ss.

狄奥多西二世登基的时候，政治体制和司法背景与过去相比，都发生了巨大的变化。君士坦丁皇帝临终之际，恢复了东西方帝国分设共治皇帝，从而急剧加速了帝国的分裂。即使帝国东西两部的皇帝都承认他们是一个帝国的两个"共治者"，并且一致保持了由两位皇帝共同签署敕令和相互协调统治政策的方法，但是由于帝国东西两部民族、文化、历史和宗教的不同背景以及4—6世纪东西方世界不同的政治经济状况，这种形式上的统一实际上已经很难维持。特别是在公元410年发生"罗马洗劫"之后，人们隐约感到罗马帝国实际已经解体。年轻的狄奥多西二世登基之后，面临严重的司法危机，有学者将此时的法庭描述为"自夸的律师与无知的法官消极合作的悲伤景象"[1]。因此新任皇帝要解决的首要社会问题就是，如何整理庞杂混乱、各种形式的法律渊源，便于法官适用法律和民众了解法律，以及在东西罗马帝国分治的情况下如何统一进行司法管理的问题。同时，他也急需一次彻底的改革来缓解宗教、政治上的其他矛盾。

狄奥多西二世上台后主持了两次法典编纂计划。《狄奥多西法典》[2]是罗马法史上的第一部官方法典，是西方法律编纂史上的重要里程碑，法律史从此进入法典时代。狄奥多西二世进行法典编纂的目的主要是为了整理当时混乱冗杂的法律渊源，为裁判官提供简便的裁判规范索引。该法典并没有实质性地创制法律，而是收集、筛选和整理了哈德良皇帝以来的谕令，并以主题与时序叠加的顺序进行排列，同时追求简短、清晰的表述。整部法典以皇帝谕令为唯一法律渊源，且多处规定了禁止法学家对法律进行解释，体现了立法者希望通过法典编纂维护政权统治的意图。

狄奥多西二世则将法律渊源的整理工作分为两步：一是规定如何引用法学家的作品，二是收集和整理谕令，选择仍有效的谕令、删除司

---

[1] A. Fusco, Il Tardoantico, la "globalizzazione" e la crisi della giustizia, in Studia et documenta historiae et iuris 69（2003）, pp. 423-424.
[2] 本文中《狄奥多西法典》的所有片段，均从蒙森整理的拉丁文本直接翻译而来，并参考Clyde Pharr 所翻译的英文版本。

艾利亚·欧多西雅/马赛克/保加利亚索菲亚亚历山大·涅夫斯基大教堂

法行政中已经失效的谕令。为了完成这两项工作，狄奥多西皇帝任命了一个由九名"非常可靠且天赋异禀"的成员组成编纂委员会。九人委员会成员如下：安提奥克，显贵（vir inlustris）、前财务官、现任大区长官；另外一名安提奥克，显贵、圣殿执法官；尊敬的狄奥多鲁斯，尊贵（vir spectabilis）、机要长官和侍从官；艾乌迪秋斯与艾乌塞比乌斯，尊贵、文书长官；尊敬的约安内斯，尊贵、前圣堂长官；科玛逊与艾欧布鲁斯，尊贵、前文书长官；阿佩利斯，贵人（vir）、精通修辞的法学家。

我们从九位委员会成员中可以发现，前八位成员都是拥有"显贵"或"尊贵"头衔的高级别官员，最后一位法学家也是因为擅长修辞和文字而当选。委员会主席是曾经担任财政官的现任大区长官安提奥克，而另一位拥有"显贵"头衔的安提奥克也是最高级别的国家官员之一。毋庸置疑，这些人都非常熟悉当时在司法和行政管理中出现的各种法律问题，但是显然他们也无法摆脱官僚主义的桎梏。不过，他们是皇帝心目中最可靠的理想人选，因为他们会一丝不苟地执行皇帝的决策，将现任以及前任皇帝们所颁布的法律置于显要位置，只有相近的前任皇帝都没有对相关问题作出规定的时候，他们才会追溯到戴克里先皇帝和法学著作。

至于为什么第一次委员会的组成成员中会缺少法学家的身影，我猜测有如下三种可能性：一是之前古典时期的法学家过于优秀，狄奥多西时代的法学家并没有给人留下多么深刻的印象，以至于狄奥多西并不认可他们的水准；二是随着法学的式微，这一时期的法学家已经丧失了古典时期所占据的权威地位；三是狄奥多西皇帝刻意排斥法学家，从而将立法权垄断在君主手中。

六年之后，狄奥多西皇帝意识到原定计划的失败。无论是以教学为目的的理论型法典还是以司法为目的的实践性法典，都未能编纂出来。缺少一众有能力的法学家，似乎很难完成狄奥多西所构想的宏伟工程。同年 12 月 21 日，狄奥多西二世与瓦伦丁尼安三世联合向元老院颁布了一条新的谕令（CTh.1.1.6），下令制定一项新的、更加简略的编纂计划，并且重新任命了新的法典编纂委员会。

这次的委员会较之第一次编纂委员会，在数量和构成上都发生了变化。总共由 16 位成员构成，委员会主席仍然是安提奥克，但是其中只有安提奥克、狄奥多鲁斯、艾欧布鲁斯三人参加过第一次计划，其他的全部都是新人。跟之前一样，委员会成员大多是从帝国高级官员中抽选出来的。而且仍然只有一个成员是法学出身，名叫艾罗提乌斯，是一位法学教授。

第二次编纂计划取消了对法学家的作品片段的整理，目标改为仅编纂一部法典，收集君士坦丁皇帝以来的生效谕令。目的也更加明晰，那就是为法律实践工作者（律师和法官）提供一部具体、简短、清晰

法典的制作 / 约公元 629 年 / 壁画 / 意大利佛罗伦萨美第奇洛伦佐图书馆

的实用法典。他在谕令中明确声称:"考虑到法律应当简明扼要,我们给予承担此项工作的人员以权力,他们可以删减多余的辞藻,添加必要的文字,消除歧义与矛盾。按照这一方针,各法律当前后一致。"(CTh.1.1.6)因此,第二次编纂计划的编纂标准是力求立法文本简短、明晰。编纂者可以对所收集的谕令进行压缩性的提取,通过缩短、删除多余的部分甚至是对个别部分进行调整,加工为符合具有整体性的规范文本。不过,这也使得现代诠释者对原始文本的重建工作变得更加艰难。

可见,狄奥多西法典编纂委员会的编纂工作并不是进行自主创作。他们只是希望能使皇帝谕令成为主要的法律渊源,虽然他们非常清楚"法学理论"从未也绝不会在法律渊源舞台上消失。所以他们的工作仅仅是将摘录的谕令按照法律的编排顺序整理出来。皇帝此次的决心非常坚定:"若上述人员中有人因命运的阻止或因公务而被耽搁,将撤销对他委以的任务并按照我们的决定找人顶替。没有任何障碍可以阻止此法典的编纂,它将在所有的法庭、对所有的案件发生效力,并且不留下任何空间给新的谕令,除非是那些在本法典颁布之后所通过的谕令。"

这部法典最终于 437 年编纂完成，438 年 2 月 15 日通过一则发布给帝国东部行政长官佛罗伦茨奥的谕令（Nov. Theod.1）得以颁布。同年，该法典样本送交西部行政长官法乌斯多。《元老院功绩》（*Gesta Senatus*）中记载了法乌斯多宣读的过程和元老们欢呼的场面。《狄奥多西法典》于 439 年 1 月 1 日正式在东、西罗马帝国生效。

《狄奥多西法典》第一次将"法典"（codex）一词运用到官方的立法规范中。拉丁语中的"codcx"，也作"caudex"，通常取"法典"之意。该词语的词源我们不得而知，但是可能与 coda（cauda）有关，原意是"树干"的意思，但也指用于书写的小木板或者是小蜡板。公元 69 年，撒丁岛的行省总督颁布的一则法令提到了 codex ansatus，这是有记载的第一次将该词用来指一种记载方式。帝国晚期开始用"codex"表达一种不同于卷轴书的形式，即很多页装订在一起的羊皮纸手抄本。相对于卷轴书，这种书更具有实用性和耐用性，也更易传播和携带。由于"codex"的形式非常符合教义在基督教群体内部流通的新需求，因此以圣书的形式得以推广，同时也有力地推动了基督教教义在帝国末期的传播。

《狄奥多西法典》的编纂，看似仅仅是一千五百多年以前的一段历史，但作为第一部古罗马官方编纂的法典，却展现了古代西方世界法典编纂活动中的一般规律，从而为我们的法律研究和立法提供可资借鉴的宝贵经验，其中的立法原理也是我们当代法典编纂活动中不可忽略的历史财富。任何一部法典的产生往往都源起于社会体制结构的变化，而任何一部法典的生效又必然导致时代的更迭。《狄奥多西法典》是非常重要的桥梁，立法者通过它第一次有意识地将国家与宗教之间的关系规定于法律，有效地将政治需求与宗教和国家政权组织联系起来。《狄奥多西法典》在西方法律史上，标志着古代法律世界的终结和新的历史的开始。西方法律也从法律走向法典。

XVIII 「普罗柯比的猜想」
——优士丁尼皇帝的法律轶事

《特里波尼安呈送〈学说汇纂〉给优士丁尼》(Emperor Justinian receives the Digesta from Tribonian)
[意]切萨雷·马卡里(Cesare Maccori)/ 约 1 世纪左右 / 壁画 / 意大利最高法院大礼堂

以主耶稣基督的名义,我恺撒·弗拉维·优士丁尼·奥古斯都皇帝,愿对希望学习法律的年轻人有所作为,决心着手编纂法典的伟大事业。仅诉诸战争不足以拓广皇帝的权力,和平时期的善政不可或缺。罗马皇帝不仅是战时的胜者,还应该是和平时代的统治者,而没有法律实现不了的正确良好的统治。

——《市民法大全》序言

《神圣罗马帝国皇帝奥托三世向法官们分发优士丁尼时期所编纂的法典》（Ottone III Consegna ai Giudicii Libri Giustinianei）
［意］切萨雷·马卡里（Cesare Maccori）／约 1900 年／壁画／意大利最高法院

　　从罗马去拉文纳，必须要在博洛尼亚转乘蓝色的双层火车。这种车开得比较慢，人也不多，特别适合思考。拉文纳，东西方世界的交汇处，历史上三次为都，被称为"意大利的拜占庭"。慕名来拉文纳的人多半是来欣赏拜占庭时期的艺术，特别是马赛克镶嵌工艺。这种最古老的艺术表达方式，让你不得不震惊于一千五百年前工匠的想象力和技巧，同时又感谢他们用最朴实的素材为后世记录了早期基督教和帝国西部末期所有的美丽故事。

　　就第一印象来看，拉文纳平实得让人感觉不到任何古国旧都的气息,如同任何一个普通的北方城市,只不过街道要略宽一些,教堂略多一些罢了。但当你真正融入这座城市的时候,却又觉得分外亲切。

临路望海,仿佛亲眼目睹公元前 49 年恺撒渡卢比肯河之前在此召集军队的壮观场景,而背后威武雄壮的"罗马帝国海军金门"还在朝阳下守卫着这座美丽多元的小城;抚摸古砖,分明又能听到霍诺留皇帝迁都至此却无法力挽狂澜、看着帝国走向衰落的叹息,他以为面向亚得里亚就能获得外援,忘记了自己原本就将帝国建在"沼泽"之上;而驻足广场,南北两根石柱似在诉说着威尼斯王国统治那段沧桑的历史,只是彼时的两座马可狮早就被换成了圣人的雕像。

去年开始写《"西罗马帝国"衰亡考》的时候,著名的碑文文献专家奥拉兹·利坎德罗(Orazio Licandro)教授就多次提醒我,应该去拉文纳看看。特别是新圣亚波利纳大教堂里的那幅镶嵌有"优士丁尼皇帝"文字的马赛克头像画,实际上并不是优士丁尼大帝,而是后人将蛮族领袖的画像张冠李戴的结果。这个论断对于一个传统的罗马法学者来说,在情感上是很难接受的。因为,对于任何一个学习罗马法的人或者说学习法律的人来说,"优士丁尼"这个名字都无比神圣。

关于优士丁尼,有一个让我耿耿于怀的问题,被我称之为"普罗柯比的猜想"。那就是,罗马史上第三位被称为"大帝"的人——优士丁尼——到底是"英雄"还是"魔鬼"?

公元 6 世纪最负盛名的历史学家普罗柯比,虽然在《战争史》中为优士丁尼大唱赞歌:"他领导危机重重的国家威名远播,更加伟大辉煌"或是"他把诸多蛮族国家都纳入了罗马帝国,建立了众多的城市,确立了纯正的信仰,阻止了错误的思想",推崇其为"罗马法典的伟大编纂者"。[①] 但是,在另外一本同样是出自这位贵族历史学家之手的《秘史》中,其态度却截然相反,不仅对优士丁尼百般咒骂,还将

---

① [拜占庭] 普洛科皮乌斯:《战争史》,王以铸、崔妙因译,商务印书馆 2010 年版,第 6 页。

其讽刺为"愚蠢和邪恶的特殊混合物"①。

中世纪的但丁,作为古罗马传统最优秀的诠释者,在其作品《神曲·天国篇》中提到的皇帝屈指可数,但是却毫不吝啬对优士丁尼的赞美:"我生前是恺撒,如今是优士丁尼,我遵照我所领会的本原的爱的意愿,从法律中删去多余的和无用的部分……当我和教会步调一致,上帝就欣然对我施恩,启迪我去做这件崇高的工作,我就完全致力此事。"②众所周知,这件崇高的工作指的就是他组织的法典编纂。平心而论,优士丁尼的历史功勋足以与中国历史上的汉武帝媲美,他不仅收复了西罗马帝国的领土,重建了索菲亚教堂,而且编纂了流芳百世的几部法典,在后世被合称为《市民法大全》,为现代大陆法系的法典编纂提供了最优秀的蓝本。

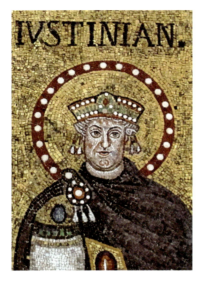

优士丁尼/马赛克/意大利拉文纳新圣亚波利纳大教堂

普罗柯比这样描述优士丁尼的外貌:"论身材并不是很高,但也不是特别矮,我觉得算是中等;不瘦,或者说有点肉;脸是圆的而且并不难看,即使是断食两天也能保持姣好的肤色。如果要对他的外貌作一个简洁的概括的话,我觉得他很像维斯帕芗的儿子图密善。"③

---

① [东罗马]普罗柯比:《秘史》,吴舒屏、吕丽蓉、陈志强译,上海三联书店2007年版,第6页。
② [意大利]但丁:《神曲·天国篇》,田德望译,人民文学出版社2002年版,第36页。
③ [东罗马]普罗柯比:《秘史》,吴舒屏、吕丽蓉、陈志强译,上海三联书店2007年版,第37页。

《美德与法律》(Virtù e della legge)人物
[意]拉斐尔(Raffaello)1511年 梵蒂冈博物馆签名室

优士丁尼在其舅父的安排下获得了最好的教育,不过他本人最喜爱的还是法学、军事和神学。所以刚一登基,他就勾画出了"一个帝国、一个教会、一部法典"的宏伟执政蓝图。也就是说,这位皇帝要的不仅仅是对帝国东部的绝对统治,他还想使帝国恢复往日的辉煌。

经历了若干世纪之后的罗马法学,实际上到优士丁尼的时候已经是一个非常庞杂混乱的体系,法律适用中存在非常多的问题。

根据优士丁尼528年2月13日颁布的赫克谕令,他任命了一个十人委员会编纂一部新的法典,其主要法律渊源是皇帝敕令,而且以之前颁布的《格雷高里法典》(291年或292年)、《赫尔摩格尼法典》(295年)、《狄奥多西法典》(438年)三部法典为蓝本,以便得到一部"简单明了的成文法律",即《优士丁尼法典》。这部法典使得皇帝作为帝国立法者的地位更加突出,这是优士丁尼利用立法巩固政权的第一步。

不过,对于现代法律体系影响更为重大的是优士丁尼的另外两项计划。根据530年12月15日颁布的德奥谕令,他成立了一个由教授和律师组成的委员会去编纂一部法学理论的汇编。优士丁尼在谕令中提到:"由于在所有的事物中,没有任何东西让我们觉得比法律的权威更值得追求,因为它恰当地安排了神的事务和人的事务,摒弃一切的不公正。"而且他还命令在每个片段的开端处注明这些片段的作者名和书名,"以便最明确地昭示罗马人的正义庙堂是由哪些立法者和他们的哪些著作、由多么浩如烟海的著作建造而成的"[①]。

三年后,他于公元533年12月16日颁布了关于编纂《法学阶梯》的奥姆谕令,作为学习法律的教材,其目的是让教授法律科学的人知道"必须在什么时间对学生讲授什么内容,以便通过这种安排,使他们成为最好的和最博学的人"。他还特意把第一年学习法律的新生定

---

① 本文所提及的优士丁尼的所有谕令,均参见徐国栋:《优士丁尼组织编订并颁布〈学说汇纂〉和〈法学阶梯〉的四个敕令》,载《民商法论业》(第10卷),梁慧星主编,法律出版社1999年版,第820-852页。

名为"优士丁尼新生",以便"那些未受训练、现在走进法律科学之门、并宁愿接受最早学年的人,获得皇帝的名号"。

这三部法典与后面民间编纂的《新律》一起被称为《市民法大全》,成为后世法典编纂的蓝本,是法律史上伟大的里程碑,也是人类文明史上的宝贵财富。

优士丁尼建立了一个"皇帝赋予法律以生命"的时代。他在立法中还特别强调皇权至上、君权神授,甚至在东方国家的影响下制定了很多对皇帝顶礼膜拜的规定,比如非常奴化的觐见皇帝的礼仪。之前罗马帝国的贵族觐见皇帝的时候需要吻皇帝的右胸,皇帝则回吻贵族的头部,只有贵族以外的大臣觐见皇帝才要右膝跪拜。但是到了优士丁尼,他规定所有的大臣和贵族都要匍匐在地,吻他的脚,似乎这种礼仪能够显得他更为权威。

但是,我们这里想说的却是一些法律正史以外的轶事。因为如果"普罗柯比的猜想"成立的话,这位历史学家可能是由于"众所周知,当某些人在世时,按照历史学家本应做的那样去记载其真实言行是不可能的。如果我这样做了,那么他们的间谍就会发现,并且置我于最悲惨的境地"这样的原因,才为优士丁尼高唱赞歌。而实际上的优士丁尼可能跟普罗柯比在《秘史》中记载的一样,是一个不折不扣的"专制主义恶魔",不仅仅"一意孤行、顽固不化,毫无顾忌地坦然从事极端丑恶的事情",而且"对任何人都不会以诚相待,其一言一行总是显得特别狡诈,然而又很容易被任何想要欺骗他的人所哄骗"①。

接下来要说的,是可能彻底颠覆优士丁尼作为"正义皇帝"形象的一个小故事,这个故事是讲述他是如何跟后来的皇后狄奥多拉结婚的。

狄奥多拉在希腊语中是"上帝的赠礼"的意思。这位日后与优士丁尼一起被封为圣人的女子出身于拜占庭帝国的首都君士坦丁堡,父

---

① [东罗马]普罗柯比:《秘史》,吴舒屏、吕丽蓉、陈志强译,上海三联书店 2007 年版,第 38 页。

《狄奥多拉皇后及其女官们》(Empress Theodora and Her Court)
拜占庭时期 / 马赛克 / 意大利拉文纳圣维塔教堂

《优士丁尼及其臣子们》(Emperor Justinian and His Attendents)
拜占庭时期 / 马赛克 / 意大利拉文纳圣维塔教堂

亲是塞浦路斯人，在君士坦丁堡的竞技场做驯熊师，是为绿党服务的。她的父亲去世的时候留下她们三姐妹，最大的还不到 7 岁，狄奥多拉排行老二。她们的母亲在她们长成少女的时候，就把她们送上舞台跟她自己一样当了舞女，这是当时拜占庭社会最底层的阶级。

虽然普罗柯比在《秘史》中将狄奥多拉贬得一文不值，但是仍然承认这位女子"尽管身材娇小，但面容靓丽，极其秀美；她的肤色虽有些苍白，但仍然容颜娇媚。她的眼睛明亮而充满活力"①。狄奥多拉因为善于表演滑稽剧和模仿，而且不知羞耻地进行一些有违世风的表演而名声大噪。后来她嫁给一个非洲的行省总督，但很快就被抛弃。不得已她又重操旧业，靠卖身来养活自己。据说她后来还生下一个儿子，但是孩子刚生下来就被孩子的父亲带走了。

她回到君士坦丁堡后决定彻底改变自己放荡的形象，完成自己人生的逆转。她认识了优士丁尼，并且如愿做了他的情妇，优士丁尼甚至将她提升为贵族。不过，狄奥多拉并不满足于此，使尽浑身解数牢牢地抓住优士丁尼，要求获得神圣合法的妻子地位。

他们遇到的第一道障碍是优士丁尼的舅母尤非米娅（Euphemia）。虽然她自己也不是什么高贵的出身，而且她一贯都非常支持这个聪明能干的外甥，但她万万不愿意接受一个舞女成为自己的外甥媳妇。于是她极力怂恿优士丁尼的母亲反对这桩婚事，说这样会毁了优士丁尼的幸福和锦绣前程，也会毁了他在贵族阶层的声誉。

第二道障碍则来自于奥古斯都时代颁布的一则法律，该法律规定具有元老地位的男人禁止与下层阶级的女人结婚。

这两项障碍都在优士丁尼的舅母尤非米娅去世后被一举扫清。在尤非米娅去世后，优士丁尼迅速说服诸事依赖自己而且已经心力不支的舅舅优士丁，废除了那条历史悠久的禁止性规定，允许曾卖身戏院的不幸妇女可以和任何罗马公民正式缔结婚姻。525 年，优士丁尼和

---

① ［东罗马］普罗柯比：《秘史》，吴舒屏、吕丽蓉、陈志强译，上海三联书店 2007 年版，第 40 页。

《狄奥多拉皇后在斗兽场》（Empress Theodora at the Colosseum）
［法］吉恩－约瑟夫·本杰明（Jean-Joseph Benjamin）/19 世纪 / 法国艺术复兴中心博物馆

狄奥多拉举行了隆重的婚礼，后者获得了一切皇室的尊严。这让所有曾经在剧场里对着抛眉弄眼的狄奥多拉垂涎欲滴的元老们瞠目结舌，因为他们瞬间成为狄奥多拉的子民，剧场里的玩物成了他们需要供奉的"女神"。

不过，对于当时的妇女，特别是出身低下的妇女而言，她确实是一位"女神"。可能是自己出身低微、饱受歧视的前半生让她感受到了女性在当时的社会中是如何艰难地生活,她登上皇后的宝座后,说服优士丁尼通过立法极大地提高了妇女的地位。在公元 529 年颁布的《优士丁尼法典》中,增加了许多提高妇女地位的条文,如"上帝面前男女平等""禁止强迫女性登台演出""禁止妓院利用未成年少女卖淫""禁止男方遗弃没有嫁妆的妻子""离婚后妇女有权分得和继承丈夫的财产",等等。影响特别深远的是,她还建立了"忏悔修道院",用以改造拜占庭社会的妓女。

英雄也好,恶魔也罢,优士丁尼和他的皇后狄奥多拉都开辟了一个新的时代。不可否认的是,狄奥多拉确实有天生过人的实务智慧,没有人否定她在"尼卡暴乱"中所展现出来的非凡气度。532 年的尼卡暴乱中,城堡失火,乱军逼近皇宫之际,优士丁尼差点要弃皇宫逃命,狄奥多拉拒绝逃命,并且斥责了优士丁尼的懦夫行为:"我们必须清楚,逃跑是不合适的,虽然可以保住我们的性命,但是看见阳光的人也会感到死亡的威胁。但作为一个皇帝是不能够逃跑的,我不能离开皇宫,不能过不被称为皇后的生活。皇帝,您是否考虑过逃出去的生活?会不会后悔?后悔没有像一个君王那样死去,而是像一个普通人苟活于世?古人云,紫袍①才是最好的遮棺布。"②因为狄奥多拉的坚定,"尼卡暴乱"终结,而优士丁尼的政权得以保存。

优士丁尼对她应该是真爱,据说 548 年狄奥多拉死后,优士丁尼失去贤内助,变得意气全失、优柔寡断。而优士丁尼晚年的政策转变也颇有可能跟狄奥多拉之死有关。

---

① 紫色在古代的地中海世界象征着皇室。因为要搜集大量的贝壳来提炼纯正的紫色,耗费非常之大,因此,只有皇室中最高贵的人才能用上这种颜色。早在暴君尼禄的时代,就规定"凡擅自着紫色衣服者处以死刑"。狄奥多西二世的时候,更是禁止私人丝织业染制紫色长袍。
② 陈志强:《拜占庭帝国通史》,社会科学出版社 2013 年版,第 93 页。

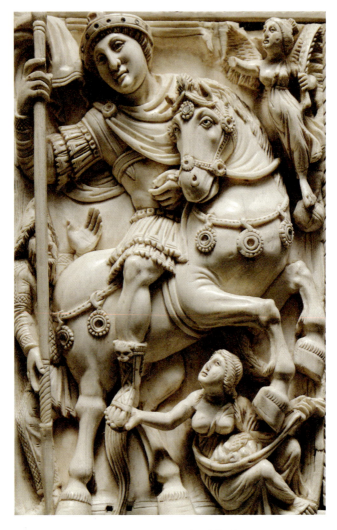

优士丁尼／浮雕／法国卢浮宫博物馆

参考文献

1. ［英］爱德华·吉本：《罗马帝国衰亡史》（I—VI），席代岳译，吉林出版集团有限责任公司2014年版。
2. ［日］盐野七生：《罗马人的故事》（I—XIV），计丽屏译，中信出版集团2012年版。
3. ［古罗马］贺拉斯：《贺拉斯诗全集：拉中对照详注本》（上下册），李永毅译，中国青年出版社2017年版。
4. ［古罗马］贺拉斯：《贺拉斯诗选》，李永毅译，中国青年出版社2015年版。
5. ［古希腊］普鲁塔克：《道德论丛》（I—IV），席代岳译，吉林出版集团有限责任公司2015年版。
6. ［古希腊］普鲁塔克：《希腊罗马英豪列传》（I—IX），席代岳译，时代出版传媒股份有限公司2012年版。
7. ［古罗马］西塞罗：《西塞罗全集·演说词卷》（上），王晓朝译，人民出版社2008年版。
8. ［古罗马］西塞罗：《西塞罗全集·修辞学卷》，王晓朝译，人民出版社2007年版。
9. ［古罗马］普林尼：《自然史》，李铁匠译，上海三联书店2018年版。
10. ［英］J.C.斯托巴特：《伟大属于罗马》，王三义译，上海三联书店2011年版。

11.［古罗马］卡图卢斯：《卡图卢斯〈歌集〉：拉中对照译注本》，李永毅译注，中国青年出版社2008年版。

12．［古罗马］塞涅卡：《德和政治论文集》，［美］约翰·M.库珀、［英］J.F.普罗科佩编译，袁瑜琤译，北京大学出版社2010年版。

13．［英］法依夫、［英］克赖顿：《〈希腊志略〉〈罗马志略〉》，［英］艾约瑟编译，陈德正、韩薛兵校注，商务印书馆2014年版。

14．［意］乔万尼奥里：《斯巴达克思》，杨山译，百花洲文艺出版社2014年版。

15．［古罗马］盖尤斯·尤利乌斯·恺撒：《恺撒战记·内战记》，席代岳译，吉林出版集团股份有限公司2013年版。

16．［美］阿德里安·戈兹沃西：《奥古斯都：从革命者到皇帝》，陆大鹏译，社会科学文献出版社2016年版。

17．［英］特威兹穆尔：《奥古斯都》，王以铸译，商务印书馆2010年版。

18．［法］玛格丽特·尤瑟纳尔：《哈德良回忆录》，陈筱卿译，上海三联书店2011年版。

19．［美］雅各布·阿伯特：《罗慕路斯》，公文慧译，中国出版集团公司2018年版。

20．［美］雅各布·阿伯特：《汉尼拔：布匿战争与地中海霸权》，王伟芳译，中国出版集团公司2017年版。

21．［美］雅各布·阿伯特：《尼禄：血腥权力与罗马帝国内乱》，王伟芳译，中国出版集团公司2018年版。

22．［美］韦戈尔：《罗马皇帝尼禄》，王以铸译，辽宁教育出版社2003年版。

23．罗三洋：《罗马的黑人皇帝》，台海出版社2016年版。

24.［英］伊丽莎白·罗森：《西塞罗传》，王乃新、王悦、范秀琳译，商务印书馆2015年版。

25.［美］威尔·杜兰：《奥古斯都时代》，台北幼狮文化公司译，东方出版社2005年版。

26.［意］但丁：《神曲：地狱篇》，田德望译，人民文学出版社2002年版。

27.［意］但丁：《神曲：炼狱篇》，田德望译，人民文学出版社2002年版。

28.［意］但丁：《神曲：天国篇》，田德望译，人民文学出版社2002年版。

29.［古罗马］埃利乌斯·斯巴提亚努斯等：《罗马君王传》，谢品巍译，浙江大学出版社2017年版。

30.［英］安德鲁·林托特：《罗马共和国政制》，晏绍祥译，商务印书馆2014年版。

31.［英］罗纳德·塞姆：《罗马革命》，吕厚量译，商务印书馆2016年版。

32.［古希腊］波里比阿：《罗马帝国的崛起》，翁嘉声译，社会科学文献出版社2017年版。

33.［以］本杰明·艾萨克：《帝国的边界：罗马军队在东方》，欧阳旭东译，华东师范大学出版社2018年版。

34.［美］理查德·J.A.塔尔伯特：《罗马帝国的元老院》，梁鸣雁、陈燕怡译，华东师范大学出版社2018年版。

35.［德］克劳斯·布林格曼：《罗马共和国史：自建城至奥古斯都时代》，刘智译，华东师范大学出版社2018年版。

36. R.H.巴洛：《罗马人》，黄韬译，上海人民出版社2000年版。

37.［英］莱斯莉·阿德金斯、［英］罗伊·阿德金斯：《探寻古罗马文明》，张楠等译，商务印书馆2008年版。

38. ［英］约翰·博德曼、［英］贾斯珀·格里芬：《牛津古罗马史》，［英］奥斯温·穆瑞编，郭小凌等译，北京师范大学出版社2015年版。

39. ［拜占庭］普洛科皮乌斯：《战争史》（上下卷），王以铸、崔妙音译，商务印书馆2010年版。

40. 杨共乐等：《古代罗马文明》，北京师范大学出版社2014年版。

41. 何立波：《罗马帝国元首制研究——以弗拉维王朝为中心》，首都经济贸易大学出版社2016年版。

42. ［德］蒙森：《罗马史：从起源、汉尼拔到恺撒》，孟祥森译，上海三联书店2014年版。

43. ［古罗马］提图斯·李维：《自建城以来（第一至十卷选段）》，王焕生译，中国政法大学出版社2009年版。

44. ［古罗马］提图斯·李维：《自建城以来（第二十一至三十卷选段）》，王焕生译，中国政法大学出版社2015年版。

45. ［意］马基雅维里：《论李维罗马史》，吕健忠译，商务印书馆2013年版。

46. ［古罗马］苏维托尼乌斯：《罗马十二帝王传》，张竹明、王乃新、蒋平等译，商务印书馆2013年版。

47. ［古希腊］希罗多德：《希罗多德历史》（全两册），王以铸译，商务印书馆1959年版。

48. ［古罗马］塔西佗：《历史》，王以铸、崔妙因译，商务印书馆1981年版。

49. ［古罗马］塔西佗：《编年史》（上下册），王以铸、崔妙因译，商务印书馆1981年版。

50. ［英］安德鲁·林托特：《罗马共和国政制》，晏绍祥译，商务印书馆2016年版。

51. ［古罗马］阿庇安：《罗马史》（上下卷），谢德风译，商务印书馆1976年版。

52. ［德］特奥多尔·蒙森：《罗马史》（全五卷），李稼年译，商务印书馆1994年版。

53. ［美］伯尔曼：《法律与宗教》，梁治平译，中国政法大学出版社2003年版。

54. ［古罗马］奥维德：《罗马爱经》，黄建华等译，上海文艺出版社2016年版。

55. ［东罗马］普罗柯比：《秘史》，吴舒屏、吕丽蓉译，陈志强审校注释，上海三联书店2007年版。

56. 崔艳红：《普罗柯比的世界：六世纪的拜占庭帝国》，北京大学出版社2013年版。

57. ［英］凯伦·法林顿：《刑罚的历史》，陈丽红、李臻译，希望出版社2003年版。

58. ［英］约翰·沃利：《古典世界的战争》，孟驰译，江西人民出版社2018年版。

59. ［英］理查德·詹金斯：《罗马的遗产》，晏绍祥、吴舒屏译，上海人民出版社2016年版。

60. ［意］吉奥乔·阿甘本：《神圣人：至高权力与赤裸生命》，吴冠军译，中央编译出版社2016年版。

61. ［古罗马］维吉尔：《牧歌》，杨宪益译，上海人民出版社2015年版。

62. ［美］雷特·福斯特、［美］哈尔·马尔科维茨：《罗马文学地图》，郭尚兴、刘沛译，上海交通大学出版社2017年版。

63. ［英］莱斯莉·阿德金斯、［英］罗伊·阿德金斯：《古代罗马社会生活》，张楠、王悦、范秀琳译，商务印书馆2016年版。

64. ［法］古朗士：《希腊罗马古代社会研究》，李玄伯译，张天虹勘校，中国政法大学出版社2005年版。

65. ［意］弗朗切斯科·德·马尔蒂诺：《罗马政制史》（第一卷），薛军译，北京大学出版社2009年版。

66. ［意］弗朗切斯科·德·马尔蒂诺：《罗马政制史》（第二卷），薛军译，北京大学出版社2014年版。

67. 杨共乐：《罗马史纲要（修订版）》，商务印书馆2015年版。

68. ［意］朱塞佩·格罗索：《罗马法史》，黄风译，中国政法大学出版社1994年版。

69. ［英］简·艾伦·哈里森：《古代艺术与仪式》，刘宗迪译，生活·读书·新知三联书店2016年版。

70. 新潮社编著：《罗马人的故事精编体验本》，朱悦玮译，中信出版集团2014年版。

71. ［德］奥托·基弗：《古罗马风化史》，姜瑞璋译，辽宁教育出版社2000年版。

72. 《古罗马诗选》，飞白译，花城出版社2001年版。

73. ［英］杰里·布罗顿：《十二幅地图中的世界史》，林盛译，浙江人民出版社2016年版。

74. 傅雷：《世界美术名作二十讲》，天津人民出版社2017年版。

75. ［法］雅克利娜·德·罗米伊：《探求自由的古希腊》，张竝译，华东师范大学出版社2015年版。

76. ［苏联］M.H.鲍特文尼克、M.A.科甘等编著：《神话辞典》，黄鸿森、温乃铮译，商务印书馆2015年版。

77. ［瑞士］雅各布·布克哈特：《君士坦丁大帝时代》，宋利宏、熊莹、卢彦名译，上海三联书店2017年版。

78. [古罗马] 尤西比乌斯：《君士坦丁传》，林中泽译，商务印书馆2015年版。

79. 徐家玲：《早期拜占庭和查士丁尼时代研究》，东北师范大学出版社1998年版。

80. [法] 左拉：《罗马》，毕修勺译，山东文艺出版社1993年版。

81. [日] 高阶秀尔：《名画中的小奥秘》，范宏涛译，中信出版社2017年版。

82. [日] 高阶秀尔：《名画中的女人》，钱一晶译，中信出版社2017年版。

83. 许丽雯：《名画的诞生》，现代出版社2018年版。

84. [英] 理查德·斯坦普：《教堂建筑的秘密语言》，萧萍译，文化发展出版有限公司2018年版。

85. 梁慧星主编：《民商法论丛（第10卷）》，法律出版社1999年版。

86. [美] 阿德尔曼：《入世哲学家：阿尔伯特·赫希曼的奥赛德之旅》，贾拥民译，中信出版社2016年版。

87. 王钻忠、吴畋：《征服：罗马人的故事》，华中科技大学出版社2014年版。

88. [意] 阿尔贝托·安杰拉：《古罗马的日常生活：奇闻和秘史》，廖素珊译，社会科学文献出版社2019年版。

89. [英] 克里斯托弗·希伯特：《罗马：一座城市的兴衰史》，译林出版社2018年版。

90. [英] 约翰·朱利叶斯·诺里奇：《西西里史：从希腊人到黑手党》，陆大鹏译，译林出版社2019年版。

91. [意] 斯蒂芬尼·祖菲：《以黑暗绘成光明：伦勃朗作品赏析》，蒋文惠译，北京时代华文书局2018年版。

92. [古罗马]维吉尔：《埃涅阿斯纪》，杨周翰译，上海人民出版社2016年版。

93. [古罗马]优士丁尼：《学说汇纂（第一卷）：正义与法·人的身份与物的划分·执法官》，罗智敏译，中国政法大学出版社2008年版。

94. [古罗马]优士丁尼：《学说汇纂（第48卷）：罗马刑事法》，薛军译，中国政法大学出版社2005年版。

95. [英]乔治·布雷：《伟大的艺术家》，谭斯萌、李惟祎、钱卫译，华中科技大学出版社2019年版。

96. [英]R.A.G.卡森：《罗马帝国货币史》（上册），田圆译，法律出版社2018年版。

97. 林凤生：《名画在左 科学在右》，上海科技教育出版社2018年版。

98. [英]理查德·斯坦普：《文艺复兴的秘密语言》，吴冰青译，文化发展出版社有限公司2018年版。

99. [美]苏珊·伍德福德：《古希腊罗马艺术》，钱乘旦译，译林出版社2017年版。

100. [意]斯蒂芬尼·祖菲：《天才与罪犯——卡拉瓦乔作品赏析》，苏依莉译，北京时代华文书局2014年版。

101. [英]莎拉·凯尔-戈蒙：《油画艺术的秘密语言——详解西方美术作品中的人物与象征》，李尧、郑旋译，文化发展出版社有限公司2018年版。

102. [美]南希·H.雷梅治、[美]安德鲁·雷梅治：《罗马艺术——从罗慕路斯到君士坦丁》，郭长刚、王蕾译，广西师范大学出版社2005年版。

103. [意]吉奥乔·阿甘本：《渎神》，王立秋译，北京大学出版社2017年版。

104.［德］利奥波德·冯·兰克：《世界史》（2），陈笑天译，吉林出版集团有限责任公司2017年版。

105. 黄风：《罗马法词典》，法律出版社2002年版。

106.［古罗马］西塞罗：《论演说家》，中国政法大学出版社2003年版。

107.［古罗马］西塞罗：《论共和国 论法律》，王焕生译，中国政法大学出版社1997年版。

108.［日］中野京子：《画框里的男人装》，于晓菁译，中信出版社2016年版。

109.［日］井出样一郎：《名画中的希腊神话：轻松读懂艺术史》，刘炯浩译，电子工业出版社2018年版。

110. 许汝：《用图片说历史：从希腊诸神到最后的审判，揭露光芒万丈的神话与传说故事》，海南出版社2019年版。

111.［日］中野京子：《命运之画》，王建波译，中信出版社2018年版。

112.［日］中野京子：《艺术品中的绝代艳后》，陈怡萍译，中信出版社2018年版。

113.［日］中野京子：《卢浮宫初见》，王建波译，中信出版社2016年版。

114.［古罗马］奥卢斯·革利乌斯：《阿提卡之夜》，周维明译，中国法制出版社2017年版。

115. Jerome Carcopino, *Daily life in ancient Rome*, Penguin Books, 1941.

116. A.H.J.Greenidge, *Roman public life*, Macmillan and Co.Limited, 1901.

117. A.H.M.Jones, *The later roman empire 284-602*, University of Oklahioma Press, 1964.

118. Jill Harries, *Law&Empire in late antiquity*, Cambridge University Press, 1999.

119. A.H.M. Jones, *Studies in roman goverment and law*, Barnes&Noble, 1968.

120. Jacob Burckhardt, *The age of constantine the great*, Routledge, 1949.

121. Hans A. PohIsander, *The emperor constantine*, Routledge, 1996.

122. R.Ross Holloway, *Constantine&Rome*, Yale University Press, 2004.

123. Saskia T.Roselaar, *Public land in the roman republic: A social and economic history of ager publicus in Italy 396–89 BC*, Oxford University Press, 2010.

124. Jill Harries, *Imperial Rome AD 284 to 363 the new empire*, Edinburgh University Press, 2012.

125. James Q.Whitman, *The verdict of battle: The law of victory and the making of modern war*, Harvard University Press, 2012.

126. Sarah Blake, Mihaela Holban, *Religion and law in classical and christian Rome*, Franz Steiner Verlag, 2006.

127. Stephen Mitchell, *A history of the later roman empire, AD 284–641*, Wiley Blackwell, 2015.

128. Tony Honoré, *Ulpian pioneer of human rights*, Oxford university press, 2002.

129. Dio Cassius, *Roman history(books 1–80)*, Earnest Cary, Loeb Classical Library, 1914.

130. Dionysius of halicarnassus, *Roman antiquities(books 1–9.24)*, Earnest Cary, Loeb Classical Library, 1911.

131. Dionysius of halicarnassus, *Roman antiquities(books 9.25–10)*, *Earnest Cary*, Loeb Classical Library, 1911.

132. Gellius, *Attic nights(books 1–13)*, John C.Rolfe, Loeb Classical Library, 1927.

133. Florue, *Epitome of roman history*, *Edward Seymour Forster*, Loeb Classical Library, 1929.

134. David Magie, *Historia Augusta (volume I)*, Loeb Classical Library, 1921.

135. David Magie, *Historia Augusta (volume II)*, Loeb Classical Library, 1924.

136. David Magie, *Historia Augusta (volume III)*, Loeb Classical Library, 1932.

137. Lauretta Maganzani, *L'arte racconta il diritto e la storia di Roma*, Pacini Editore Sri, 2016.

138. Orietta Rossini, *Ara Pacis guida*, *Electa*, 2012.

139. Ara Pacis, *Mondadori Electa*, 2012.

缩略词表

缩写	全名	中文
Cass. Dio.	Cassius Dio，Historiae Romanae	卡西乌斯·狄奥：《罗马史》
Cic. In.	Cicero，De Inventione	西塞罗：《论开题》
Cic. Or.	Cicero，De Oratore	西塞罗：《论演说家》
Cic. Verr.	Cicero，In Verrem	西塞罗：《控告维勒》
CTh.	Codex Theodosianus	《狄奥多西法典》
D.	Digesta Iustiniani	优士丁尼：《学说汇纂》
DH.	Dionysius Halicarnassus，Roman Antiquities	狄奥尼修斯：《罗马古代史》
Festus	Festus，Grammaticus	费斯图斯：《语法》
Gai.	Gai，Institutiones	盖尤斯：《法学阶梯》
Gell.	Aulus Gellius，Noctes Atticae	奥卢斯·革利乌斯：《阿提卡之夜》
I.	Institutiones Iustinianorum	优士丁尼：《法学阶梯》
Liv.	Titus Livius，Ab Urbe Condita	提图斯·李维：《自建城以来》
Plin. Ep.	Plinius，Epistulae	小普林尼：《书信集》
Plutarco.	Mestrius Plutarco，The Lives of The Noble Grecians and Romans	普鲁塔克：《希腊罗马英豪列传》
Sen. Ben.	Seneca，De Beneficiis	塞涅卡：《论善行》
Tab.	Duodecim Tabulae	《十二表法》

重要人名对照表

A

【阿庇·克劳迪】阿庇·克劳迪·克拉苏（Appius Claudius Crassus，公元前510年—公元前449年），公元前471年第一次成为执政官，公元前451年再次当选为执政官，是制定《十二表法》的"十人立法委员会"之首。

【阿波罗纽斯】阿波罗纽斯（Apollonius，约15年—100年），新毕达哥拉斯学派哲学家，希腊著名演说家。

【阿尔弗雷德·梅耶】阿尔弗雷德·梅耶（Alfred Meilet），著有《拉丁语词源学辞典》一书。

【阿甘本】乔治·阿甘本（Giorgio Agamben，1942年4月22日— ），意大利当代政治思想家、哲学家，以作品《例外状态》（*State of exception*）和《神圣人》（*homo sacer*）闻名。

【阿格里帕】玛尔库斯·维普撒尼乌斯·阿格里帕（Marcus Vipsanius Agrippa，公元前63年—公元前12年），古罗马政治家、军人，自小就是屋大维的密友，后来成为屋大维的女婿。阿格里帕精通建筑学，为了纪念亚克兴海战，设计并组织建造了万神殿。

【阿姆里乌斯】阿姆里乌斯（Amulio），埃涅阿斯的后裔，阿尔巴隆迦的国王，公元前794年至前752年在位。他篡夺了其兄的王位，统治期间强迫他的侄女塞尔维娅做了维斯塔神庙终身守贞的祭司。

【阿塔鲁斯三世】阿塔鲁斯三世（Attalo III，公元前170年—公元前

133年），帕伽玛王国的最后一任国王。

【埃涅阿斯】埃涅阿斯（Aineas），特洛伊英雄。维吉尔在《埃涅阿斯纪》中描述了埃涅阿斯从特洛伊逃出，途经迦太基，最后抵达拉丁姆地区。

【安库斯·玛尔提乌斯】安库斯·玛尔提乌斯（Ancus Marcius，公元前675年—公元前616年），古罗马王政时期第四任国王，驽马（罗马第二任王）的外孙。

【安提奥克】安提奥克（Antiochus），东罗马帝国的高级官员，是编纂《狄奥多西法典》的主要成员之一。

【安提戈涅】安提戈涅（Antigone），希腊神话中忒拜国王俄狄浦斯的女儿，悲剧作家索福克勒斯和欧里庇得斯都以其为主角写作过剧本。在索福克勒斯的戏剧作品《安提戈涅》中，安提戈涅不顾国王克瑞翁的禁令，因安葬自己的兄长、反叛城邦的波吕尼刻斯而被处死。

【奥克塔维】马尔库斯·奥克塔维（Marco Ottavio），公元前133年大格拉古竞选时的主要竞争对手。

【奥卢斯·革利乌斯】奥卢斯·革利乌斯（Aulus Gellius，125年—180年），公元2世纪的古罗马作家，曾在罗马担任公职。著有《阿提卡之夜》，该书是他的笔记，记录了他的各种见闻，是后世研究罗马社会的重要史料。

【奥维德】普布利乌斯·奥维德·纳索（Publius Ovidius Naso，公元前43年3月20日—公元前17年或18年），古罗马诗人，其著作为十五卷本的《变形记》与《爱的艺术》。

B

【巴克斯】巴克斯（Bacchus），古希腊神话中的酒神，罗马神话中的酒神和植物神，在希腊神话中被称为狄俄尼索斯。他不仅拥有葡萄酒醉人的力量，还以布施欢乐与慈爱在当时成为极具感召力的神。他推动了古代社会的文明并确立了法则，维护着世界的和平。

【贝卡利亚】切萨雷·贝卡利亚（Cesare Beccaria，1738年3月15日—1794年11月28日）。18世纪意大利法学家、哲学家、政治家，以其作品《论犯罪与刑罚》（1764年）而闻名。

【彼拉多】庞提乌斯·彼拉多（Pontius Pilatus，不详—36年），罗马帝国犹太行省的第五任行政长官，罗马皇帝在犹太地的最高代表，正是他判处耶稣钉死在十字架上。

【毕达哥拉斯】毕达哥拉斯（Pythagoras，公元前570年—公元前495年），古希腊哲学家、数学家和音乐理论家，毕达哥拉斯主义学派的创立者。

【波利比乌斯】波利比乌斯（Polybius，公元前208年—公元前125年），公元前2世纪希腊化时代的政治家和历史学家，代表作为《历史》。

【布鲁图】卢基乌斯·尤尼乌斯·布鲁图（Lucio Giunio Bruto，公元前545年—公元前509年），罗马共和国的第一任执政官，在任期间亲自审判并处死试图叛乱恢复王政的两个儿子和其他叛乱者。

D

【大格拉古】提贝里乌斯·格拉古（Tiberio Gracco，公元前168年—公元前133年）。古罗马公元前2世纪的政治家，平民派领袖，常被称为大格拉古，因发起土地改革而引发平民与贵族之间的斗争。

【黛朵】黛朵（Dido，公元前879年—公元前759年），据古希腊和古罗马史料记载，曾是古迦太基女王，迦太基城的建立者。古罗马诗人维吉尔在《埃涅阿斯纪》中记载，埃涅阿斯与黛朵相爱，埃涅阿斯离开迦太基后，黛朵心碎自杀。

【戴克里先】盖尤斯·奥列里乌斯·瓦列里乌斯·戴克里先（Gaius Aurelius Valerius Diocletianus，244年—312年），罗马帝国皇帝，284—305年在位。戴克里先结束了罗马帝国的三世纪危机，建立了四帝共治制，使其成为罗马帝国后期的主要政体。

【但丁】但丁·阿利吉耶里（Dante Alighieri，1265年—1321年9月）。著名的意大利中世纪诗人，现代意大利语的奠基者，欧洲文艺复兴时代的开拓人物，"文坛三杰"之一，其史诗《神曲》留名后世。

【狄摩西尼】狄摩西尼（Demosthenes，公元前384年—公元前322年）。公元前4世纪古希腊著名的演说家、民主派政治家。早年学习修辞，继而从事政治活动，极力反对马其顿入侵希腊，发表《反腓力辞》(Filippiche) 等著名演说，谴责马其顿王腓力二世的扩张野心。

【狄奥多拉】狄奥多拉（Theodora，497年—548年6月28日），东罗马帝国优士丁尼皇帝的妻子，对优士丁尼皇帝有重要影响，被东正教教会封为圣人，纪念日为11月14日。

【狄奥多托斯】狄奥多托斯（Diodotus，公元前120年—公元前59年），斯多葛学派代表性人物，曾经长期住在西塞罗家里教授西塞罗。

【狄奥多西一世】弗拉维乌斯·狄奥多西（Flavius Theodosius，347年1月11日—395年1月17日），罗马帝国皇帝，因将基督教定为国教而被称作狄奥多西大帝，392年起统治整个罗马帝国。

【狄奥多西二世】狄奥多西二世（Theodosius II，401年4月10日—450年7月28日），东罗马帝国皇帝，狄奥多西一世的孙子，408年至450年在位。狄奥多西二世于438年将帝国的法律汇编成《狄奥多西法典》。

【狄奥尼修斯】哈利卡纳苏斯的狄奥尼修斯（Dionysius of Halicarnassus，约公元前60年—公元前7年），罗马时期的古希腊语历史学家、修辞学家。狄奥尼修斯在公元前30年罗马内战结束后移居罗马，花了22年时间学习拉丁语和文学。其著作《古代罗马史》，与李维所写《罗马史》同为早期罗马史最有价值的原始资料。这套书共二十卷，公元前7年公布于世，最后十卷已佚失。

E

【厄革利娅】厄革利娅（Egeria），罗马神话中的自然女神，传说是罗马第二任王弩马的神圣配偶和指导者。厄革利娅帮助弩马建立和制定了古罗马的法律法规和礼仪，其名字后来作为女顾问或女导师的代名词。

【厄里倪厄斯】厄里倪厄斯（Erinnyes），希腊神话中的复仇女神。在罗马神话中，被称为孚里埃（拉丁语为Furiæ，愤怒之意）。

F

【法乌斯都】法乌斯都（Faustolo），牧羊人，罗马神话中的传奇人物，传说在台伯河边救回罗慕洛斯与雷穆斯。

【斐洛】斐洛·尤迪厄斯（Philon Judeaus，约公元前25年—40年或45年），生于亚历山大城的犹太哲学家和政治家，他是历史上首次尝试将宗教信仰与哲学理性相结合，故在哲学史和宗教史上拥有独特地位，更被视为希腊化时期犹太教哲学的代表人物和基督教神学的先驱，西塞罗的哲学老师。著作有《论世界的创造》《摩西生平》等。

【费斯图斯】塞克图斯·庞培·费斯图斯（Sextus Pompeius Festus），公元2世纪的古罗马语法学家，著有《语法》。

G

【盖塔】普布利乌斯·盖塔（Publius Geta），塞维鲁之子，卡拉卡拉皇帝的弟弟。塞维鲁去世后，盖塔被宣布和其兄卡拉卡拉同为共治皇帝，随后被哥哥杀害于皇宫中并被处以"记录抹杀刑"。

【盖尤斯】盖尤斯（Gaius，约130年—约180年），公元2世纪罗马帝国前期著名法学家，"罗马五大法学家"之一。代表作是他为学生撰写的教材《法学阶梯》，成为优士丁尼编纂《法学阶梯》的范本。

【盖约·格拉古】盖约·塞姆普罗尼乌斯·格拉古（Gaius Sempronius Gracchus，公元前154年—公元前121年），曾任平民护民官，同时也是提贝里乌斯·格拉古的弟弟，常被称为小格拉古。

H

【哈德良】普布利乌斯·埃里乌斯·特拉扬努斯·哈德良·奥古斯都（Publius Aelius Traianus Hadrianus Augustus，76年1月24日—138年7月10日），罗马帝国五贤帝之一，117年—138年在位，兴建了哈德良长城，划定了罗马帝国的北部国境线，在罗马城内重建了万神庙。

【贺拉斯】昆图斯·贺拉斯·弗拉库斯（Quintus Horatius Flaccus，公元前65年12月8日—公元前8年11月27日），古罗马著名诗人、批评家、翻译家，代表作有《诗艺》等。他是古罗马文学"黄金时代"三大诗人之一。

【赫斯缇娅】赫斯缇娅（Hestia），希腊神话中的炉灶女神、家宅的保护者，她与雅典娜和阿尔忒弥斯并称为奥林匹斯三大处女神。

【黑格尔】格奥尔格·威廉·弗里德里希·黑格尔（Georg Wilhelm Friedrich Hegel，1770年8月27日—1831年11月14日），德国哲学家，19世纪唯心论哲学的代表人物之一。代表作为《精神现象学》《逻辑学》《哲学科学全书纲要》《法哲学原理》。

【霍诺留】弗拉维乌斯·霍诺留·奥古斯都（Flavius Honorius Augustus，384年—423年），狄奥多西一世皇帝的次子，九岁时成为罗马帝国共治者，罗马帝国分裂后成为首任西罗马帝国皇帝，在位时间为393年—423年。

【霍塔鲁斯】昆图斯·霍滕休斯·霍塔鲁斯（Quintus Hortensius Hortalus，公元前114年—公元前50年），罗马演说家，并于公元前69年担任罗马执政官。

J

【加勒里乌】盖乌斯·加勒里乌·瓦列里乌斯·马克西米安努斯（Gaius Galerius Valerius Maximianus，约260年—311年）。戴克里先的女婿，后亦成为罗马帝国皇帝（305年—311年在位），公元311年颁布容忍基督教信仰的宽容诏谕《加勒里乌敕令》。

【君士坦丁大帝】弗拉维·瓦列里乌斯·奥列里乌斯·君士坦丁·奥古斯都（Flavius Valerius Aurelius Constantinus Augustus，274年2月27日—337年5月22日），常被称为君士坦丁一世、君士坦丁大帝，罗马帝国皇帝（306年—337年在位）。他是第一位信仰基督教的罗马皇帝，在313年与李锡尼共同颁布《君士坦丁敕令》（Edictum Mediolanense），承认在帝国辖境有信仰基督教的自由。

K

【卡拉卡拉】马尔库斯·奥列里乌斯·塞维鲁·安东尼努斯·奥古斯都为其原名，卡拉卡拉为其昵称（Marcus Aurelius Severus Antoninus Augustus/Caracalla，188年4月4日—217年4月8日），罗马皇帝（188年—217年在位），曾颁布《卡拉卡拉敕令》（《安东尼努斯敕令》），授予所有罗马帝国境内所有人完整的罗马公民权。他还在罗马城外建立了一座庞大的公共浴场，其遗址至今保留，被称为卡拉卡拉浴场。

【卡西乌斯】卡西乌斯（Cassio），公元前5世纪古罗马的执政官，颁布了《卡西乌斯土地法案》。

【卡西乌斯·狄奥】卡西乌斯·狄奥（Cassio Dione，155年—235年），古罗马政治家与历史学家，曾担任执政官。其代表作为《罗马史》，记载了从公元前8世纪中期罗马王政时代到公元3世纪早期罗马帝国的历史。他的著作现仅存残篇，内容质朴翔实，为后世提供了极为重要的参考资料。

【恺撒】盖乌斯·尤利乌斯·恺撒（Gaius Iulius Caesar，公元前100年7月12日—公元前44年3月15日），罗马共和国末期的军事统帅、政治家，是罗马共和国体制转向罗马帝国的关键人物，史称恺撒大帝或罗马共和国的独裁者。

【科尔内利娅】科尔内利娅·阿菲莉加娜（Cornelia Africana，约公元前195年—公元前115年），格拉古兄弟的母亲，因其聪慧善良被认为是古罗马女人的典范。

【克瑞翁】克瑞翁(Creon)，古希腊神话中的国王，曾下令不得埋葬波吕尼刻斯，并将安葬了波吕尼刻斯的安提戈涅处死。

【昆体良】马库斯·法比尤斯·昆体良（Marcus Fabius Quintilianus，约35年—100年），罗马帝国的雄辩家、修辞家、教育家、拉丁语教师、作家。公元69至88年教授修辞学，是罗马第一名领受国家薪俸的修辞学教授。其代表作有《雄辩家的养成》《长篇雄辩术》《短篇雄辩术》。

【雷穆斯】雷穆斯（Remus，约公元前771年—约公元前753年），塞尔维娅与战神玛尔斯的儿子，是古罗马王政时代首位王罗慕洛斯的孪生兄弟。因与罗慕洛斯争夺统治权，后被罗慕洛斯杀害。

L

【李维】提图斯·李维（Titus Livius，公元前64年或公元前59年—17年），古罗马著名的历史学家，留下的著作《罗马史》是研究古罗马史的重要资料。

【李锡尼】盖乌斯·瓦列里乌斯·李锡尼安努斯·李锡尼（Gaius Valerius Licinianus Licinius，263年—325年），罗马帝国东部的皇帝（308年—324年在位），与君士坦丁共同颁布《君士坦丁敕令》，承认基督教为合法宗教。

【鲁本斯】彼得·保罗·鲁本斯（Sir Peter Paul Rubens，1577年6月28日—1640年5月30日），巴洛克画派早期的代表人物。

【路德维希·费尔巴哈】路德维希·安德列斯·费尔巴哈（Ludwig Andreas Feuerbach，1804年7月28日—1872年9月13日），德国哲学家。

【卢基乌斯】卢基乌斯·塔克文·布里斯库斯（Lucius Tarquinius Priscus，不详—公元前578年），又称老塔克文，罗马王政时代的第五任王。希腊人之子，早年曾随其父迁至埃斯特鲁的塔尔奎尼亚居住，并与女先知塔纳奎尔结婚。在位期间修建了罗马竞技场，罗马城墙也在这一时期开始修建。

【卢基乌斯·塔克文·克拉提诺】（Lucio Tarquinio Collatino），卢克莱西娅的丈夫，与布鲁图共同成为罗马共和国的第一任执政官。

【卢基乌斯·维尔吉尼乌斯】卢基乌斯·维尔吉尼乌斯（Lucius Verginius），维吉尼亚之父。

【卢基乌斯·伊基利乌斯】卢基乌斯·伊基利乌斯（Lucio Icilio），维吉尼亚的未婚夫。

【卢克莱西娅】卢克莱西娅（Lucretia，不详—约公元前510年），古罗马贵妇，丈夫卢基乌斯·塔克文·克拉提诺是罗马共和国的第一任两名执政官之一。她被暴君塔克文的儿子塞斯图斯强奸，引发了推翻罗马君主制的叛乱。

【罗慕洛斯】罗慕洛斯（Romulus，约公元前771年—公元约前717年），塞尔维娅与战神玛尔斯的儿子，古罗马王政时代的首位王。

M

【马尔库斯】马尔库斯（Marcus Claudius），"十人立法委员会"之首克劳迪的门客，导致维吉尼亚之死的帮凶。

【马尔斯】马尔斯（Mars），罗马神话中的战神，朱庇特与朱诺之子，维纳斯的情人。他是罗马军团崇拜的神祇中最重要的一位，重要程度仅次于朱庇特。

【马基雅维利】尼科洛·迪贝尔纳多·代·马基雅维利（Niccolò di Bernardo dei Machiavelli，1469年5月3日—1527年6月21日），意大利哲学家、历史学家、政治家、外交官。意大利文艺复兴时期的重要人物，被称为近代政治学之父，其代表作为《君主论》《论李维》。

【马克森提乌斯】马尔库斯·奥列里乌斯·瓦列里乌斯·马克森提乌斯（Marcus Aurelius Valeilus Maxentlus，278年—312年），罗马帝国皇帝，与君士坦丁一世在米尔维安大桥决战，最后兵败溺死。

【玛娅特】玛娅特（Maat），又译玛阿特、玛特，古埃及真理和正义的女神，是太阳神拉的女儿、智慧之神托特的妻子。

【蒙森】克里斯蒂安·马蒂亚斯·特奥多尔·蒙森(Christian Matthias Theodor Mommsen，1817年11月30日—1903年11月1日)。德国古典学者、法学家、历史学家、记者、政治家、考古学家、作家，因其著作《罗马史》而获得1902年诺贝尔文学奖。

【米开朗基罗】米开朗基罗·迪·洛多维科·博纳罗蒂·西蒙尼（Michelangelo di Lodovico Buonarroti Simoni，1475年3月6日—1564年2月18日），意大利文艺复兴时期杰出的通才、雕塑家、建筑师、画家和诗人，其代表作有壁画《创世纪》和《最后的审判》。

【米涅瓦】米涅瓦（Minerva），罗马神话中的智慧、战争、月亮和记忆女神，是手工业者、学生、艺术家的保护神。

【摩奴】摩奴（Manu），印度神话中人类始祖的统称，也是带领人们度过劫难的先知。

【摩西】摩西（Moses，公元前1593年—前1473年），《圣经·出埃及记》等书中所记载的公元前13世纪时犹太人的民族领袖。犹太教徒认为他是犹太教的创始者。他在亚伯拉罕诸教（犹太教、基督教、伊斯兰教）里都被认为是极为重要的先知。

【墨丘利】墨丘利（Mercurius），朱庇特和迈亚的儿子，罗马神话中为众神传递信息的使者，在希腊神话中被称为赫耳墨斯（Hermes）。他的形象一般是头戴一顶插有双翅的帽子，脚穿飞行鞋，手握魔杖，行走如飞，是医药、旅行者、商人和小偷的保护神。

N

【尼禄】尼禄·克劳迪乌斯·恺撒·奥古斯都·日耳曼尼库斯（Nero Claudius Caesar Augustus Germanicus，37年12月15日—68年6月9日）。罗马帝国克劳迪王朝的最后一任皇帝。在位期间多次对基督教徒进行打压和迫害。

【努马】努马·庞皮里乌斯（Numa Pompilius，公元前753年4月21日—公元前673年），罗马王政时期第二任王。

O

【欧多西雅】艾莉亚·欧多西雅（Aelia Eudocia，401年—460年10月20日），拜占庭帝国皇帝狄奥多西二世之妻。她作为拜占庭帝国皇后，博学多才，对狄奥多西二世产生了重要的影响。后来由于夫妻矛盾迁居耶路撒冷，指导修建了一系列知名建筑。

P

【帕比尼安】埃米利乌斯·帕比尼安（Aemilius Papinianus，142年—212年），罗马帝国前期著名法学家，曾在罗马帝国担任高级职务，先后担任过申诉官、帝国高级法院院长和执政官以及近卫都督之职。其代表作有37卷《法律问答集》、19卷《解答集》（Responsa）、19卷《解说书》（Difinitiones）。帕比尼安的学说理论具有权威性，《学说引证法》中曾明确规定，在古罗马五大法学家的意见相左时，以多数为准；不能形成多数时，则以帕比尼安的学说为准；如果帕比尼安未有意见表示，则由执法者自行选择。

【彭波尼】塞斯托·彭波尼（Sextus Pomponius），公元2世纪的罗马法学家。大量作品被收录于《学说汇纂》中。

【普布里科拉】普布利乌斯·瓦列里乌斯·普布里科拉（Publius Valerio Publicola，公元前560年—公元前503年），古罗马王政末期共和国初期的政治家，卢克莱西娅死后，带领民众驱逐了暴君塔克文。

【普布利乌斯】普布利乌斯·科尔内利乌斯·苏拉（Publius Cornelio Sura，公元前114年—公元前63年12月5日），古罗马政治家，因参与喀提林阴谋而被处死。

【普布利乌斯·穆克优斯·斯凯沃拉】普布利乌斯·穆克优斯·斯凯沃拉（Publius Mucius Scaevola，公元前176年—公元前115年），古罗马政治家和法学家，于公元前133年担任执政官。

【普鲁塔克】普鲁塔克（Plutarco，约46年—125年），罗马帝国时代的希腊作家，代表作《希腊罗马英豪列传》（又名《希腊罗马名人传》）。

【普罗柯比】普罗柯比（Procopius，约500年—约565年），东罗马帝国的重要古代史学家，著有《战争》《建筑》和《秘史》。

【普桑】尼古拉斯·普桑（Nicolas Poussin，1594年6月15日—1665年11月19日），17世纪法国巴洛克时期重要画家，以《阿卡迪亚的牧人》为其代表作。

S

【塞尔维乌斯·图利乌斯】塞尔维乌斯·图利乌斯（Servio Tullio，不详—公元前535年）。罗马王政时代的第六任君主，埃斯特鲁人，公元前534年为其女儿、女婿卢修斯·塔克文·苏佩布所谋害。

【塞尔维娅】雷亚·塞尔维娅（Rea Silvia），相传她与战神马尔斯结合，生下了罗慕洛斯和雷穆斯两兄弟。

【塞墨勒】塞墨勒（Semele），希腊神话中，酒神狄俄尼索斯的母亲，受赫拉设计惨死于宙斯雷霆之火下。

【塞涅卡】卢修斯·阿奈乌斯·塞涅卡（Lucius Annaeus Seneca，约公元前4年—65年），古罗马时代著名的哲学家、政治家、剧作家，其主要作品有《道德书简》《美狄亚》《俄狄浦斯》《阿伽门农》等。

【塞斯图】塞斯图（Sesto），暴君塔克文之子。

【塞维鲁】塞普蒂米乌斯·塞维鲁（Septimius Severus，146年4月11日—211年2月4日），卡拉卡拉皇帝之父，193年4月14日—211年2月4日在位，创立了塞维鲁王朝。

【圣保罗】圣保罗（Saint Paul，约3年—约67年）。早期基督教会最具有影响力的传教士之一，初代教会的核心人物之一。他提倡向非犹太人传播基督的福音，所以被奉为外邦人的使徒。

【圣彼得】圣彼得（Saint Peter，1年—67年），基督教十二使徒之一，初代教会的核心人物之一。天主教会认为他建立了罗马教会，是罗马教会的第一位主教。

【苏维托尼乌斯】盖尤斯·苏维托尼乌斯·特兰奎卢斯（Gaius Suetonius Tranquillus，约69或75年—约130年之后），罗马帝国时期历史学家，著有《罗马十二帝王传》。

【索福克勒斯】索福克勒斯(Sophocles)，公元前5世纪古希腊剧作家，擅长悲剧创作，代表作为《俄狄浦斯王》《安提戈涅》等。

T

【塔克文】卢修斯·塔克文·苏佩布（Lucius Tarquinius Superbus，不详—公元前496年），又称为暴君塔克文，罗马王政时代第七任王，公元前535年登基。据传他杀死了前任国王塞尔维乌斯·图利乌斯以登上王位。因他的儿子强奸卢克莱西娅造成兵变，被驱逐出罗马。

【塔提乌斯】塔提乌斯（Tatius），罗慕洛斯在位时萨宾人的领袖。

【特伦提留斯·阿拉斯】特伦提留斯·阿拉斯（Gaius Terentilius Arsa），公元前462年罗马共和国的护民官。

【提比略】提贝里乌斯·克劳迪乌斯·尼禄（Tiberius Claudius Nero，公元前42年—37年），又译提比略，罗马帝国的第二任皇帝。提比略是尼禄之子，在历史上并不受臣民爱戴。《圣经·新约》中提到，提比略在位时，耶稣基督被行省长官彼拉多判处钉十字架刑。

【图拉真】马尔库斯·乌尔皮乌斯·涅尔瓦·图拉真（Marcus Ulpius Nerva Traianus，53年9月18日—117年8月9日），罗马帝国五贤帝之一，也是第一位在意大利本土外出生的罗马皇帝。他在位时立下显赫战功，使罗马帝国的版图在他的统治下达到了极盛。

【图卢斯·荷提里乌斯】图卢斯·荷提里乌斯（Tullus Hostilius，公元前673年—公元前641年），罗马王政时期第三任王。

【托尔瓦尔德森】巴特尔·托尔瓦尔德森（Bertel Thorvaldsen，1770年11月19日—1844年3月24日），丹麦新古典主义雕塑家。

W

【瓦勒留】曼留斯·瓦勒留·马克西姆斯（Manius Valerio Maximus），公元前494年第一次罗马分裂时的独裁官。

【维吉尔】普布利乌斯·维吉尔·马罗（Publius Virgilio Marone，公元前70年—公元前19年），古罗马诗人，代表作有《牧歌集》《农事诗》、史诗《埃涅阿斯纪》。

【维吉尼亚】维吉尼亚（Verginia），公元前5世纪一位来自平民家庭的美丽年轻女子，维吉尼亚受到"十人立法委员会"中地位最高的克劳迪的侮辱，后其父为维护维吉尼亚的尊严将其杀死。

【维勒】盖尤斯·维勒（Gaius Verres，约公元前120年—公元前43年），公元前73年维勒被选为西西里行省的执政官，原本任期只有一年，但是由于斯巴达奴隶起义的爆发使其延长了两年。西塞罗在《控告维勒》一文中指控他搜刮西西里人民。

【维斯帕西娅】维斯帕西娅·波拉（Vespasia Polla，公元前15年—约1世纪），罗马皇帝维斯帕芗的母亲。

【维斯帕芗】提图斯·弗拉维乌斯·维斯帕芗（Titus Flavius Vespasianus，9年11月17日—79年6月23日）。在皇帝尼禄死后引发的内战中夺得皇位，结束了纷扰的"四帝之年"，在他十年的统治期间，积极与罗马元老院合作，改革内政，重建经济秩序。

【维斯塔】维斯塔（Vesta），罗马神话中炉灶和家庭的保护神，在希腊神话中被称为赫斯提娅，帮助朱诺负责家庭生活事务，她代表的是女性的贞洁、贤惠、善良、勤劳。

【维提乌斯】维提乌斯（Vettius），罗马知名的鸟卜官，他认为罗慕洛斯所见到的十二只兀鹰代表罗马将存续十二个世纪。

【温狄克尤斯】温狄克尤斯（Vindicius），阿奎利安家里的奴隶，向普布里科拉揭发了阿奎利安等人的阴谋。布鲁图为了奖励他，赐予他自由和市民权。

【乌尔比安】格奈乌斯·多米尼乌斯·乌尔比安（Gnaeus Domitius

Ulpianus，170年—228年），古罗马五大法学家之一，主要著作有《论萨宾》等。《学说汇纂》中约三分之一的内容引自他的著作。

【屋大维】盖乌斯·屋大维·图里努斯（Gaius Octavius Thurinus，公元前63年—公元14年），罗马帝国的开国君主，历史学家通常以他的头衔"奥古斯都"（神圣、至尊的意思）来称呼他。屋大维是恺撒的甥孙和养子，亦被正式指定为恺撒的继承人，一般认为屋大维是最伟大的罗马皇帝之一。

X

【西比尔】西比尔（Sibyl）意为"女先知"，指古希腊的神谕者。据传说，西比尔作为最早的女先知在各圣地进行预言，这些预言都受到神祇的启示。

【西庇阿】普布利乌斯·科尔内利乌斯·西庇阿（Publius Cornelio Scipione，不详—公元前211年），古罗马政治家，第二次布匿战争中的主要将领之一，以在扎马战役中打败迦太基统帅汉尼拔而著称于世。

【西塞罗】马库斯·图利乌斯·西塞罗（Marcus Tullius Cicero，公元前106年1月3日—公元前43年12月7日），罗马共和国晚期的哲学家、政治家、律师、作家、雄辩家，曾担任罗马共和国的执政官。他被广泛地认为是古罗马最好的演说家和最好的散文作家之一，其代表作有《论演说家》《论共和国　论法律》等。

【小西庇阿】普布利乌斯·科尔内利乌斯·西庇阿·埃米利安努斯（Publius Cornelio Scipione Emiliano，公元前185年—公元前129年），罗马共和国将领，两次出任执政官一职。

Y

【雅努斯】雅努斯（Janus），罗马神话中的门神、双面神，被描绘为具有前后两个面孔或四方四个面孔，当雅努斯神庙门打开时象征着战争的开始。罗马士兵出征时，都要从象征雅努斯的拱门下穿过，后来欧洲各国的凯旋门形式都是由此而来。雅努斯是罗马本土最原始的神，拉丁语中的"一月"（Januarius），也来源于此。

【盐野七生】盐野七生（Nanami Shiono，1937年7月7日—），日本作家，1970年移居意大利，其作品主要描写以意大利为中心的古代至近代的历史，代表作为《罗马人的故事》。

【伊斯帕娜】伊斯帕娜（Ispala），曾经做过高级妓女，后来被解放成为自由人，并与埃布提乌斯相恋。为了保护恋人，她勇敢地控诉了酒神节的阴暗面。

【优士丁】弗拉维乌斯·优士丁·奥古斯都（Flavius Justinus Augustus，450年—527年），东罗马帝国皇帝（518年—527年在位），优士丁尼大帝的舅父。

【优士丁尼】弗拉维·伯多禄·塞巴提乌斯·优士丁尼（Flavius Petrus Sabbatius Justinianus，约483年—565年），东罗马帝国皇帝（527年—565年在位），也被称为"优士丁尼大帝"。其在位期间收复了许多失土，重建圣索菲亚教堂，并编纂《优士丁尼法典》。

Z

【宙斯】宙斯（Zeus），古希腊神话中统领宇宙的至高无上的天神。罗马神话中被称为朱庇特，是木星的名字起源。

【朱庇特】朱庇特（Jupiter），古罗马神话中的众神之王，在古希腊神话中被称为宙斯。

编年表

王政时期：
公元前 753 年—公元前 509 年

公元前 753 年，罗马建城

公元前 753—公元前 717 年，第一任王罗慕洛斯在位

公元前 717 年—公元前 673 年，第二任王努马·庞皮里乌斯在位

公元前 673 年—公元前 641 年，第三任王图卢斯·荷提里乌斯在位，刑事诉讼制度"向人民申诉"出现

公元前 641 年—公元前 616 年，第四任王安库斯·玛尔提乌斯在位

公元前 616 年—公元前 575 年，第五任王卢基乌斯·塔克文·布里斯库斯在位

公元前 575 年—公元前 535 年，第六任王塞尔维乌斯·图利乌斯在位，进行库里亚立法与政治改革

公元前 535 年—公元前 509 年，第七任王卢修斯·塔克文·苏佩布在位

共和国时期：
公元前 509 年—公元前 29 年

公元前 509 年，暴君塔克文被驱逐，罗马王政结束，进入共和政体时期。同年，卢修斯·尤尼乌斯·布鲁图与卢基乌斯·塔克文·克拉提诺共同担任第一任执政官

公元前495年,第一次平民与贵族的斗争

公元前493年,执政官卡西乌斯提出《卡西乌斯土地法案》同年,元老院通过神圣约法,设立了护民官

公元前462年,第二次平民与贵族的斗争

公元前450—公元前449年,《十二表法》制定并颁布

公元前367年,《李其尼·塞克提亚法》通过

公元前264年—公元前241年,第一次布匿战争

公元前241年,第一次布匿战争结束,西西里成为罗马的第一个行省

公元前204年,《关于赠礼的琴其亚法》颁布

公元前186年,《关于酒神节的元老院决议》颁布

公元前143—前121年,提贝里乌斯·格拉古和盖约·格拉古进行土地改革

公元前131年,西西里行省颁布《鲁皮流斯法》

公元前63年,马库斯·图利乌斯·西塞罗担任执政官

帝制时期：
公元前 29 年—公元 1453 年

公元前 27 年，盖乌斯·屋大维·图里努斯成为罗马第一位皇帝，被赋予"奥古斯都"的称号。罗马共和政体结束，罗马进入帝制时期。

公元前 18 年，《关于处罚通奸的尤利亚法》与《关于必须结婚的尤利亚法》颁布

公元 9 年，《巴比乌斯—波贝乌斯法》颁布

公元 64 年，罗马城火灾，尼禄以此为由对基督教徒进行迫害

公元 69 年，维斯帕芗成为罗马皇帝，颁布《维斯帕芗关于权力的法律》，强调君权法授

公元 211 年，卡拉卡拉皇帝杀死其弟盖塔，并对其施以"记录抹杀刑"

公元 212 年，《卡拉卡拉敕令》颁布，向罗马帝国境内所有人授予完整的罗马公民权

公元311年，容忍基督教信仰的《加勒里乌敕令》颁布

公元313年，君士坦丁和罗马帝国东部皇帝李锡尼联合颁布了《君士坦丁敕令》，承认基督教是合法宗教

公元408年，狄奥多西二世成为东罗马帝国皇帝

公元429—437年，狄奥多西二世组织法典编撰工作

公元438年，古罗马第一部官方编撰法典《狄奥多西法典》颁布

公元476年，西罗马帝国灭亡

公元528年，东罗马皇帝优士丁尼一世组织大规模法典编撰工作

公元529年，《优士丁尼法典》颁布

公元530年，《学说汇纂》开始编纂

公元533年，《法学阶梯》开始编纂

公元534—565年，编纂《优士丁尼新律》

后 记

　　历史在左，文学在右，是我理想中正确打开罗马法的学习方式。正如恩师何勤华教授所言，法律来自于生活，而历史和文学是在记录生活。读事件、读人物、读社会，才能真正读懂法律。读这本《法律帝国的崛起：罗马人的法律智慧》，同时也是读李维、波利比乌斯、塔西佗、苏维托尼乌斯、狄奥尼修斯，读普鲁塔克、小普林尼、西塞罗，读贺拉斯、奥维德，如同在罗马数不胜数的露天博物馆里穿梭，在琳琅满目的艺术馆里看展。我希望每个素材都具有历史可信度，但最终却又不可自拔地陷入了散文的游离，无法避免地添加了文艺的、虚构的情绪。

　　首先，感谢我的导师奥利维耶罗·迪利贝尔托教授，坦率地说，没有他引领我走入罗马法的殿堂，就没有我这个惶恐却又幸运的学徒，甚至也就没有中南财经政法大学的这门通识选修课。实际上，这本书有一半以上取材于教授的口述，且大多数的图片素材又来自于他的同事、朋友们的无私相助。导师在我博士毕业后仍孜孜不倦地引导我对罗马法进行思考和研究，每年力促我回炉再造两三个月，尽可能地创造一切机会让我继续学习。恩师于我，为师，如父。

　　感谢我的爱人徐涤宇先生，无论是开设"罗马人的法律智慧"这门新课，还是将课程内容成稿于书，都是他的主意。徐先生为了书稿能早日面世，牺牲了整个暑假陪我早出晚归地泡在书堆里，我想这应该就是爱情最本真的样子——踏实。没有他的鼓励、支持和陪伴，我就无法坐在这里悠闲自在地研究已成为我生命的一部分的罗马法。在这个物欲横流的时代，对于一位三十多岁的中国女学者来说，研究罗马法绝对是一件昂贵的奢侈品。

感谢我的父母,没有他们精心地照顾我以及我的家庭,我万不能前行至此。感谢我机灵可爱的女儿徐一可,她是我积极向上的最大动力,因为我想做一个身教多于言传的母亲。

感谢我的意大利"家人"们, Mauro Moriconi全家,有你们在的罗马周末让我毫无他乡异客的孤寂。深夜十点还能收到Cinzia为我准备的第二天的食物和Isa为我加油的小纸条,这是罗马2017年寒冬里最温暖的事情。感谢我的好朋友Luigi, Melissa, Gino, Domenico, Antonio,特别是闺蜜游雨泽博士,你们的友情让我更加深爱罗马这个美丽的城市,更能深刻地理解这个民族千年沉淀下来的文化。

感谢北京大学出版社副总编辑蒋浩老师耐心地阅读了本书的书稿并友情提供契合本书意境的独家摄影作品(书后衬页),感谢本书编辑田鹤老师的严谨认真和诸多富有创意的宝贵建议。感谢我的硕士研究生张艺馨同学催促并帮助我完成了全书的校对工作,程林森、张雪伟和程诺指出了其中的一些文字错误。在此一并致谢。

我的初衷只是想写一本让学生们愿意坐下来静静阅读的课外书,但最后才发现这竟是这个时代最困难的命题。当今的大学本科教育,要么充当研究生预科,要么是职业训练。学生们恨不得从进大学的第一天就开始准备考研、出国和司法考试,文史哲这些最传统的基础学科竟然成了最不实用的冷门专业。更何况,目前我对发展了两千多年的罗马法只有很肤浅的认识,积累的不过是一些零散的思想碎片,无论是阅历还是知识都不足以还原出一个完整的盛世宫殿。

读这本书,不需要正襟危坐如捧圣贤书,也无需摇头晃脑故作深奥,它不受任何项目支持,也不作为职场升迁的阶梯,所以也请每一位读者都能像古罗马人一样宽容,理解我在写作过程中所不经意流露出来的随心所欲。

2019年12月10日 于伦敦大学学院

图书在版编目（CIP）数据

法律帝国的崛起：罗马人的法律智慧 / 黄美玲著. — 北京：北京大学出版社，2019.12

ISBN 978-7-301-30926-1

Ⅰ. ①法… Ⅱ. ①黄… Ⅲ. ①罗马法 – 法学史 – 研究 Ⅳ. ①D904.1

中国版本图书馆CIP数据核字(2019)第296016号

书　　　名	法律帝国的崛起：罗马人的法律智慧 FALÜ DIGUO DE JUEQI: LUOMAREN DE FALÜ ZHIHUI
著作责任者	黄美玲　著
责任编辑	田　鹤
标准书号	ISBN 978-7-301-30926-1
出版发行	北京大学出版社
地　　　址	北京市海淀区成府路205号　100871
网　　　址	http://www.pup.cn
电子信箱	yandayuanzhao@163.com
新浪微博	@北京大学出版社　@北大出版社燕大元照法律图书
电　　　话	邮购部 010-62752015　发行部 010-62750672 编辑部 010-62117788
印　刷　者	北京中科印刷有限公司
经　销　者	新华书店
	880毫米×1230毫米　32开本　8.875印张　235千字 2019年12月第1版　2020年6月第2次印刷
定　　　价	69.00元

未经许可，不得以任何方式复制或抄袭本书之部分或全部内容。
版权所有，侵权必究
举报电话：010-62752024　电子信箱：fd@pup.pku.edu.cn
图书如有印装质量问题，请与出版部联系，电话：010-62756370